UMA NOVA PRIMAVERA PARA OS TRIBUNAIS DE CONTAS

ARTIGOS, DISCURSOS E ENTREVISTAS

VALDECIR PASCOAL

Prefácio
Carlos Ayres Britto

Apresentação
Heleno Taveira Torres

UMA NOVA PRIMAVERA PARA OS TRIBUNAIS DE CONTAS

ARTIGOS, DISCURSOS E ENTREVISTAS

Belo Horizonte

2018

© 2018 Editora Fórum Ltda.

É proibida a reprodução total ou parcial desta obra, por qualquer meio eletrônico, inclusive por processos xerográficos, sem autorização expressa do Editor.

Conselho Editorial

Adilson Abreu Dallari
Alécia Paolucci Nogueira Bicalho
Alexandre Coutinho Pagliarini
André Ramos Tavares
Carlos Ayres Britto
Carlos Mário da Silva Velloso
Cármen Lúcia Antunes Rocha
Cesar Augusto Guimarães Pereira
Clovis Beznos
Cristiana Fortini
Dinorá Adelaide Musetti Grotti
Diogo de Figueiredo Moreira Neto
Egon Bockmann Moreira
Emerson Gabardo
Fabrício Motta
Fernando Rossi
Flávio Henrique Unes Pereira

Floriano de Azevedo Marques Neto
Gustavo Justino de Oliveira
Inês Virgínia Prado Soares
Jorge Ulisses Jacoby Fernandes
Juarez Freitas
Luciano Ferraz
Lúcio Delfino
Marcia Carla Pereira Ribeiro
Márcio Cammarosano
Marcos Ehrhardt Jr.
Maria Sylvia Zanella Di Pietro
Ney José de Freitas
Oswaldo Othon de Pontes Saraiva Filho
Paulo Modesto
Romeu Felipe Bacellar Filho
Sérgio Guerra
Walber de Moura Agra

Luís Cláudio Rodrigues Ferreira
Presidente e Editor

Coordenação editorial: Leonardo Eustáquio Siqueira Araújo

Av. Afonso Pena, 2770 – 15º andar – Savassi – CEP 30130-012
Belo Horizonte – Minas Gerais – Tel.: (31) 2121.4900 / 2121.4949
www.editoraforum.com.br – editoraforum@editoraforum.com.br

P281n   Pascoal, Valdecir

        Uma nova primavera para os tribunais de contas: artigos, discursos e entrevistas/ Valdecir Pascoal.– Belo Horizonte : Fórum, 2018.

        237 p.
        ISBN: 978-85-450-0446-2

        1. Direito Financeiro. 2. Gestão Pública. 3. Tribunal de Contas. I. Título.

                                            CDD 341.38
                                            CDU 34:336

Informação bibliográfica deste livro, conforme a NBR 6023:2002 da Associação Brasileira de Normas Técnicas (ABNT):

PASCOAL, Valdecir. *Uma nova primavera para os tribunais de contas*: artigos, discursos e entrevistas. Belo Horizonte: Fórum, 2018. 237 p. ISBN 978-85-450-0446-2.

À Dalva, Bárbara e Beatriz,

flores de primavera com aromas do mais sublime amor.

AGRADECIMENTOS

Meu agradecimento às Diretorias da Atricon, ao Tribunal de Contas de Pernambuco, aos Presidentes dos Tribunais de Contas do Brasil, ao *Blog* do Fausto Macedo (Estadão), aos jornais *Folha de Pernambuco*, *Jornal do Commercio*, *Diário de Pernambuco*, *O Globo*, *Folha de S.Paulo*, *Correio Braziliense*, *Tribuna do Norte*, *O Povo* e ao Portal Jota.

Agradeço aos eficientes e dedicados servidores da Assessoria da Atricon e do meu Gabinete no TCE-PE.

Um obrigado especial a Willams Brandão de Farias, pelas opiniões e revisões de textos, sempre oportunas.

Eterna gratidão à minha família, inspiração e alicerce de todas as horas, aos queridos amigos e à legião de profissionais e estudiosos do controle externo que sonham este mesmo sonho de primavera.

Foi o melhor dos tempos, foi o pior dos tempos, foi a idade da sabedoria, foi a idade da insensatez, foi a época da fé, foi a época da incredulidade, foi a estação da luz, foi a estação das trevas, foi a primavera da esperança...

(*Um conto de duas cidades*, Charles Dickens)

São as instituições que nos ajudam a preservar a decência. Elas também precisam de nossa ajuda. [...] As instituições não se protegem sozinhas. Desmoronam uma depois de outra se cada uma delas não for defendida desde o início. Por isso, escolha uma instituição que você aprecia — um tribunal, um jornal, uma lei, um sindicato — e aja em seu favor.

(*Sobre a tirania*, Timothy Snyder)

SUMÁRIO

PREFÁCIO
Carlos Ayres Britto 15

APRESENTAÇÃO
Heleno Taveira Torres 17

INTRODUÇÃO: INVERNOS E PRIMAVERAS 21

PARTE I
ARTIGOS

PEC Nº 22/2017: UMA NOVA PRIMAVERA PARA OS
TRIBUNAIS DE CONTAS..31
Avanços e crise 31
A PEC nº 22/2017 33
O Conselho Nacional dos Tribunais de Contas 34
O novo modelo de composição dos Tribunais de Contas....................35
A Lei Nacional Processual de Controle Externo....................................38
O tempo e os novos ventos democráticos e republicanos 39

TRIBUNAIS DE CONTAS: APRIMORAMENTOS NECESSÁRIOS...41
UMA AGENDA PARA OS TRIBUNAIS DE CONTAS 43
DÂMOCLES E OS TRIBUNAIS DE CONTAS.......................................47
ACERTANDO AS CONTAS COM A FICHA LIMPA............................51
CARTA DA "REPÚBLICA" AOS TRIBUNAIS DE CONTAS...............53
A FICHA QUE NÃO PODE CAIR 57

O QUE A SOCIEDADE PENSA DOS TRIBUNAIS DE CONTAS? 61

CARTA À LEI DE RESPONSABILIDADE FISCAL 65

TRIBUNAL DE CONTAS E *IMPEACHMENT* 69

TECENDO FIOS REPUBLICANOS 71

TOME CONTA! 73

O TCE-BA, A ÁGUIA E O CONDOR 75

OS 15 ANOS DA LEI DE RESPONSABILIDADE FISCAL 77

APRIMORAMENTO DOS TRIBUNAIS DE CONTAS 81

ESPERANÇAR É PRECISO! 83

SIMPLÍCIO E OS TRIBUNAIS DE CONTAS 87

ATRICON NO CAMINHO CERTO! 91

CANDIDATURA E REFLEXÕES SOBRE A ATRICON 93

OS TRIBUNAIS DE CONTAS E O DESENVOLVIMENTO 99

NOVOS GESTORES MUNICIPAIS: A CRISE, O DEVER
E O DEVIR 101

LUZ QUE VEM DE QUIXABA 105

UMA NOVA LEI, UM SOL E UMA ESPERANÇA 107

CONTAS, FICHA LIMPA E "QUALUNQUISMO" 109

A COPA SOB CONTROLE 113

PARTE II

DISCURSOS

DISCURSO EM SOLENIDADE NO TSE – TRIBUNAL
SUPERIOR ELEITORAL 117

DISCURSO PROFERIDO NA AUDIÊNCIA COM O
PRESIDENTE DA REPÚBLICA 121

DISCURSO DE POSSE NA PRESIDÊNCIA DA ATRICON,
2º MANDATO 125

Integridade e unidade 125

Os avanços da Gestão 2014-2015 126

O Programa Qualidade e Agilidade dos Tribunais de Contas do Brasil
(QATC) 127

Combate à corrupção em rede 128

Resoluções da Atricon 130

O desafio da comunicação 130

O bom combate contra as ameaças ao controle 131

Conselho Nacional dos Tribunais de Contas 131

DISCURSO DE ABERTURA DO XXVIII CONGRESSO DOS TRIBUNAIS DE CONTAS DO BRASIL 133

DISCURSO DE SAUDAÇÃO AOS AGRACIADOS COM A MEDALHA NILO COELHO DO TCE-PE 141

DISCURSO NO IV ENCONTRO NACIONAL DOS TRIBUNAIS DE CONTAS 151

DISCURSO DE POSSE NA PRESIDÊNCIA DA ATRICON (1º MANDATO) 157

A inspiração republicana 158

O reforço da democracia 158

A Atricon na defesa institucional 159

O caminho certo 160

Tribunais a serviço da ética, da boa governança e do cidadão........160

Somos melhores do que aparentamos 161

O eterno devir 161

Orgulho do presente, esperanças no futuro 161

Vamos precisar de todo mundo 164

DISCURSO DE POSSE NA PRESIDÊNCIA DO TRIBUNAL DE CONTAS DO ESTADO DE PERNAMBUCO – TCE-PE 167

PARTE III
ENTREVISTAS

ENTREVISTA PARA A *REVISTA DO TRIBUNAL DE CONTAS DO ESTADO DO MATO GROSSO* – TCE-MT 179

ENTREVISTA AO JORNAL *TRIBUNA DO NORTE*, DE NATAL.....183

ENTREVISTA AO PORTAL AGÊNCIA PÚBLICA.................................191

ENTREVISTA PARA A REVISTA *GESTÃO PÚBLICA*, PE.................197

ENTREVISTA PARA A REVISTA *CONHECER*, DO SEBRAE
NACIONAL..201

ENTREVISTA À *REVISTA DO TCE/MT*..207

ENTREVISTA À REDE NOSSA SÃO PAULO..215

ENTREVISTA AO *DIÁRIO COMÉRCIO INDÚSTRIA & SERVIÇOS*
(DCI)..219

ENTREVISTA AO *JORNAL DO COMMERCIO*......................................225

ENTREVISTA À *REVISTA DO TRIBUNAL DE CONTAS
DO ESTADO DE MINAS GERAIS* – TCE-MG.....................................229

PREFÁCIO

Quem é Valdecir Pascoal? O "dito cidadão respeitável" de que falava o poeta-cantor Raul Seixas? Sim! Um cidadão respeitável, por encarnar o que é típico da palavra "cidadão": o habitante orgânico da Cidade. Habitante vertebrado, envolvido, empenhado, militante. Aquele habitante que vive o dia a dia político-administrativo da sua comuna. Da sua comuna ou Cidade, repito, porém no sentido que a palavra ostentava entre os atenienses da época de Péricles (495/420 a.C.): Cidade-Estado ou, simplesmente, Polis. Esse mais centrado espaço das relações primárias entre governantes e governados, e, por extensão, entre administradores públicos e administrados em geral. Uma época de tanto compromisso com os interesses primários da Polis que todo ateniense dizia de si para si, orgulhosamente: "não participo porque sou livre. Sou livre porque participo".

Com efeito, o Valdecir Pascoal de que falo nestes escritos é o dito cidadão respeitável, porque dotado do mais elevado espírito público. Porque militantemente voltado para o aperfeiçoamento das instituições brasileiras, a partir daquelas que se integram no chamado "Sistema Tribunais de Contas". Bastando anotar que ele é, primeiramente, Conselheiro do Tribunal de Contas de Pernambuco. Depois, Presidente da ATRICON – Associação dos Membros dos Tribunais de Contas de todo o País. Aqui, um líder nato, a partir de sua aguda percepção do que há de melhor em cada instituição de contas para coletivizá-lo pelo modo mais habilidoso e célere possível. Ali, um Conselheiro que otimiza no mais elevado grau o conhecimento do regime constitucional das instituições de contas e o cotidiano exercício do seu cargo.

Daqui se conclui que Valdecir Pascoal é mais do que o dito cidadão respeitável. É também o cientista, o dirigente associativo e o profissional da mais alta qualificação subjetiva. Predicados de cidadão, intelectual, dirigente e operador jurídico a que se agregam as essenciais virtudes da honestidade pessoal, da coragem de ser independente perante as outras instâncias estatais e do uso da transparência naquilo que verdadeiramente interessa: transparência de propósitos, transparência de métodos de trabalho. Por isso que é muito fácil, muito agradável, muito proveitoso conviver com ele. Até porque ainda extremamente dotado, ele, Valdecir Pascoal, de gentileza e serenidade. Dois personalíssimos traços de personalidade que são colocados, por todo o tempo, a serviço de uma superlativa lucidez.

Enfim, estou a fazer a apresentação de um *fora da lei da mesmice*. De um *fora da lei do lugar-comum*. De alguém verdadeiramente singular no trato pessoal, profissional e da coisa pública. Alguém *fora da caixa* — como se diz recorrentemente —, a publicar um livro que não é senão o retrato falado do seu autor: *Uma Nova Primavera para os Tribunais de Contas*. Um compêndio de artigos, discursos e entrevistas de quem fala e escreve com todo apuro vernacular e sedução argumentativa. Um livro de quem muito vem contribuindo para acertar o passo das nossas instituições públicas, a partir, reitero, do "Sistema Tribunais de Contas". Sistema que tem o estratégico dever de contribuir para levar o Brasil a colocar todos os pontos nos "is" do seu vocabulário ético-administrativo.

Carlos Ayres Britto
Ex-Ministro do Supremo Tribunal Federal.

APRESENTAÇÃO

Com especial entusiasmo, recebi o honroso convite do eminente Conselheiro Valdecir Pascoal para apresentar esta sua belíssima obra ao público leitor, intitulada: *Uma Nova Primavera para os Tribunais de Contas*, que congrega textos de sua lavra, numa coletânea de artigos, discursos e entrevistas de expressivo interesse, distribuídos em conjunto sobremodo equilibrado e bem urdido. Todos coincidem para afirmar a transformação por que passam os tribunais de contas e retratam com fieldade o ambiente desafiador em ideias e fatos ora vivenciado, o que a faz uma obra marcada pelo seu tempo, mas atemporal nas suas formulações.

São textos ricos em proposições e mensagens oportunas e que orientam rumos para o sistema externo do controle de contas e convidam o leitor a percorrer parte substancial da trajetória do autor pela presidência da ATRICON (Associação dos Membros dos Tribunais de Contas do Brasil). Uma gestão repleta de conquistas e avanços substanciais que merecem ser compartilhados e conhecidos por todos aqueles que tenham interesse no Direito Financeiro e nos destinos do Estado brasileiro.

Valdecir Pascoal é incansável, um homem sério e de notável qualificação que lidera pelo exemplo e pelo carisma da sua elegância, humildade e profundidade em tudo o que fala. Ao mesmo tempo, um ser humano de lhaneza inconfundível, generoso com os amigos e de vasta cultura geral, cultor dos clássicos e da poesia, que construiu e se orgulha por onde passa da sua linda família. Como acadêmico, tive a oportunidade de ver o nosso autor em diversos atos defender, com franca convicção, não apenas os valores e princípios que norteiam o controle de contas, mas especialmente uma renovação do Estado democrático e republicano. Por tudo isso, não espanta que possa colecionar tão valiosos textos, como os que elaborou nos últimos anos, os quais, juntos, dão uma expressiva dimensão de continuidade e complementariedade.

A coincidência da sua presidência da ATRICON com todos os desafios impostos pelas crises econômica e política suportadas nos últimos quatro anos, com a evidenciação do papel dos tribunais de contas nos julgamentos das contas públicas, na efetividade da lei que impôs o dever de "ficha limpa" aos candidatos a cargos políticos, bem como pelo momento de singular luta do País contra a corrupção, confere a esta obra um destaque peculiar, pois é desse ambiente que advieram motivos relevantes para acelerar reformas sempre esperadas, até mesmo a cortar na própria carne, como foram os casos de corrupção comprovadas até mesmo em alguns tribunais de contas estaduais.

Foi esse contexto que projetou, dentre outros feitos, a proposta da PEC nº 22/2017, cujos aspectos gerais encontram-se bem demarcados nos artigos: "Uma nova primavera para os Tribunais de Contas", "Tribunais de Contas: aprimoramentos necessários", "Uma agenda para os Tribunais de Contas". É chegada a hora de harmonizar a legislação, assumir um código de processo comum, rever a forma de indicação dos seus integrantes e ter um conselho próprio para conferir soluções a problemas éticos e funcionais. Nesse particular, o trabalho diuturno do Conselheiro Valdecir Pascoal permitiu a formulação de proposta sobremodo equilibrada e coerente com a elevada missão dos tribunais de contas. Teria que registrar para a história essa atuação meritória, o que faz com invulgar modéstia e sobriedade.

O maior símbolo do valor democrático dos tribunais de contas encontra-se justamente no seu art. 74, §2º, da Constituição, ao estabelecer que "qualquer cidadão, partido político, associação ou sindicato é parte legítima para, na forma da lei, denunciar irregularidades ou ilegalidades perante o Tribunal de Contas...". Na retomada e reconstrução por que passa o Estado brasileiro, os tribunais de contas deverão estar preparados para assumir novos desafios. Com maior visibilidade, serão fortemente demandados pela sociedade para assumir um controle real e célere de ilegalidades ou abusos no trato da coisa pública. Daí a importância de regras comuns, de um código de processo único, e de mecanismos de controle interno de eficiência e gestão que possam ser apurados pela sociedade ou pela imprensa livre.

A Constituição Financeira reclama máxima efetividade das regras de obtenção e distribuição entre os entes federativos de receita pública suficiente e, ao mesmo tempo, de aplicação correta das leis orçamentárias, dirigidas pelos fins e valores constitucionais na atribuição de recursos para as despesas públicas. Nesse particular, o financiamento do Estado deve vir acompanhado de permanente atenção para a concretização dos direitos fundamentais e sociais, como educação e saúde, ao que Valdecir Pascoal deu fundamental relevo na sua passagem pela presidência da ATRICON. Exemplo disso foi a edição da Resolução Atricon nº 3/2015, que aprova as Diretrizes de Controle Externo relacionadas à temática "Controle externo nas despesas com educação".

Este livro, portanto, retrata fases e atuações que denotam, à perfeição, uma primavera auspiciosa dos tribunais de contas, ao que temos todos a oportunidade de vivenciar e participar intensamente. Ares de primavera que devem levar nosso Brasil a avanços concretos. Urge afastar o fantasma da corrupção, intensificar os controles, promover maior aproximação entre os tribunais de contas, apurar conceitos e jurisprudência e, o mais importante: cultuar a Constituição e seus valores de modo contínuo e permanente.

Passe o truísmo, é hora de concluir, para dar ensejo à leitura desta obra magnífica. E certamente o leitor encontrará motivos de muita satisfação intelectual, ao refletir sobre temas que estão na ordem do dia do debate sobre os Tribunais de Contas do nosso País. Logicamente, muito ainda há para ser feito. Contudo, os ideais e o trabalho do Conselheiro Valdecir Pascoal não poderão ser olvidados, diante da dimensão do quanto aqui se apresenta, ao longo desta primavera e de todas as demais estações que se sucederão.

Heleno Taveira Torres
Professor Titular de Direito Financeiro da Faculdade
de Direito da Universidade de São Paulo – USP.

INTRODUÇÃO: INVERNOS E PRIMAVERAS

Se não tivéssemos inverno, a primavera não seria tão agradável: se não experimentássemos algumas vezes o sabor da adversidade, a prosperidade não seria tão bem-vinda.

(Anne Bradstreet)

I

É primavera nos Tribunais de Contas. Primavera nas duas sagradas acepções que a nova estação representa: tempo de renovação e de esperança, mas igualmente tempo de continuar as lutas. É hora de se alegrar e de enaltecer os bons frutos colhidos e, ao mesmo tempo, de se preparar para novos bons combates.

Nesta nova coletânea de artigos, discursos e entrevistas, que engloba textos publicados em jornais do país entre os anos de 2009 e 2017, embora discorramos, entre outros temas, sobre responsabilidade fiscal, gestão pública, combate à corrupção, transparência, lei da ficha limpa e educação, o mote do compêndio é o desejo de ver os Tribunais de Contas serem definitivamente reconhecidos pela sociedade como instituições confiáveis e eficientes na preservação do erário. Instituições a serviço do cidadão. Sim, a serviço do cidadão, pois não podemos esquecer que o efetivo exercício do controle externo realizado por esses Tribunais significa, por exemplo, melhor educação, saúde e segurança para ele, cidadão.

Não há como falar no desabrochar dos novos tempos nos Tribunais de Contas sem associá-lo às históricas primaveras ocorridas no mundo: a Primavera de Praga, a Primavera de Pequim, a Primavera Árabe... Chega um momento em que o sistema dá sinais de fadiga, a sociedade passa a exigir mudanças e é preciso estar atento para não perder as oportunidades, não perder os "setembros da história". O Brasil, como nação, também vive a sua nova primavera. Os movimentos sociais que começaram em junho de 2013, aliados a todas as ações sistêmicas de combate à corrupção, a exemplo da chamada Operação "Lava Jato", certamente nos habilitarão, em médio prazo, a um salto de qualidade institucional e social de proporções inimagináveis.

Os Tribunais de Contas, claro, não estão apartados desse contexto. A grande evolução alcançada por estas instituições ao longo destes quase trinta anos de redemocratização, conquanto deva ser valorizada e reconhecida, não é mais suficiente, e o cidadão, corretamente, clama por uma nova inflexão, uma nova postura, tanto no atinente ao modelo constitucional, como em relação à prática cotidiana do controle. A atual crise alcança, em uma vertente, a crítica ao desempenho dos Tribunais como guardiões da responsabilidade fiscal, e, na outra, os questionamentos quanto à postura ética e independente de uma parcela de seus membros, denunciados ou afastados judicialmente por indícios de graves ilicitudes. Ainda que admitamos que a crítica quanto ao desempenho não vem sendo feita com a devida profundidade e que a questão disciplinar só atinge uma minoria dos membros, ainda assim, trilhar o caminho da mudança será preciso e inevitável.

O cidadão deseja os Tribunais de Contas protegendo, com máxima prioridade, os postulados da responsabilidade fiscal, deseja essas instituições sendo exemplos de transparência e governança interna, formada por um quadro de servidores profissionalizados, compostos por membros habilitados ética e tecnicamente e atuando de forma integrada com os demais órgãos de controle. Ele também deseja ver os Tribunais completamente imunizados das disputas e das questões político-partidárias.

A nova primavera que se descortina, conforme deixamos claro no primeiro artigo deste livro, no texto que dá nome a essa nova coletânea, passa necessariamente por uma mudança na Constituição Federal. A PEC nº 22/2017, apresentada pelo ilustre Senador Cássio Cunha Lima, a partir de uma sugestão da Atricon (Associação dos Membros dos Tribunais de Contas do Brasil), propõe um novo tempo para os Tribunais, na medida em que estabelece (a) um rol de critérios mais rígidos e técnicos para a sua composição; (b) a criação de uma instância para fiscalizar os Tribunais, o Conselho Nacional dos Tribunais de Contas (CNTC); (c) a instalação de uma Câmara de uniformização de jurisprudência, inserida no CNTC; e (d) a previsão de uma lei nacional de processo de controle externo. Decerto que a referida proposta não esgota a necessidade de aprimoramentos. Há, com efeito, mudanças estruturais previstas em outras propostas – a exemplo da autonomia dos Ministérios Públicos de Contas e do fortalecimento da área de auditoria dos Tribunais – que podem, ao longo das discussões, ser incorporadas, como elementos aperfeiçoadores, à própria PEC nº 22/2017.

Ao esperançarmos com essa nova primavera, não podemos esquecer outras que já floresceram no passado dos nossos Tribunais, com destaque para as inovações trazidas pela Constituição Cidadã, pela Lei de Responsabilidade Fiscal (LRF) e Lei da Ficha Limpa, a integração propiciada pelo Programa de Modernização do Controle Externo (Promoex) e, nos últimos cinco anos, pelo Programa Qualidade e Agilidade dos Tribunais de Contas (QATC). Coordenado pela Atricon, e composto por Resoluções-Diretrizes e pelo Marco de Medição de Desempenho dos Tribunais de Contas (MMD-TC), o QATC pode ser definido como a melhor bússola para a efetividade institucional, o verdadeiro "pássaro na mão", com vistas a que essas instituições possam cumprir as suas atribuições constitucionais com a máxima efetividade. É induvidoso, e reconhecido por todos, e nos quatro cantos do país, que os aprimoramentos e boas práticas verificadas hoje no sistema Tribunais de Contas devem-se, em grande medida, ao programa QATC.

II

Os artigos, discursos e entrevistas aqui reunidos englobam um período de minha vida profissional em que tive a honra e alegria de presidir a Atricon, por dois mandatos consecutivos (2014-2015 e 2016-2017), e o Tribunal de Contas do Estado de Pernambuco, durante a gestão 2014-2015.

A essência da temática abordada – a busca pelo aprimoramento dos Tribunais de Contas – está tratada na primeira parte desta introdução. Permitam-me, contudo, confidenciar-lhes alguns fatos que marcaram esses períodos mais do que desafiadores.

Ainda que as referidas presidências tenham sido exercidas em duas instituições reconhecidas e respeitadas pelo bom desempenho, e ainda que eu já tivesse uma boa experiência no controle externo (auditor, conselheiro, diretor de escola de contas, corregedor, presidente do colégio de corregedores e ouvidores, vice-presidente do IRB e vice-presidente da Atricon), os desafios e tensões surgidos nesta quadra da história ganharam novos ingredientes, que tornaram o trabalho bem mais complexo. De fato, o período coincide com a exacerbação do que eu costumo chamar de "Paradoxo dos Tribunais de Contas". Explico. São incontestes os avanços acontecidos nos últimos anos em todos os Tribunais do país, não obstante ainda haver um bom caminho a ser percorrido para se alcançar a desejada excelência institucional. É neste novo cenário que surge o paradoxo. As críticas que antes diziam respeito apenas às deficiências de atuação passaram a vir também de setores poderosos que se incomodavam justamente com os avanços e com uma postura mais efetiva dos Tribunais, notadamente o maior uso da fiscalização preventiva, por meio de cautelares, e de uma maior integração com os demais órgãos de controle, no combate à corrupção. Assim, ainda sem gozar no tecido social da confiança necessária a ensejar defesas públicas, os Tribunais de Contas passaram a ser criticados, a partir de generalizações e tentativas de desconstrução institucional, também por suas virtudes.

Foi diante desse contexto paradoxal que sentimos a necessidade de reforçar a nossa estratégia de comunicação e relacionamento institucional. Ao longo desses quatro anos, visitamos as redações dos principais meios de comunicação do país, dezenas de entrevistas foram concedidas a televisões, revistas e jornais, conseguimos espaço considerável por meio de artigos também nos grandes jornais e portais da internet, criamos um portal de boas práticas dos Tribunais de Contas, convencemos o Innovare a premiar experiências exitosas no controle externo, passamos a divulgar com mais intensidade, pelo portal da Atricon e nas Redes Sociais, as notícias oriundas dos trinta e quatro Tribunais.

A participação no processo legislativo, mediante a apresentação de proposições e a presença em audiências no Congresso Nacional, e a atuação junto ao STF em matérias de interesse do controle externo ganharam robustez e profissionalização. Participamos de audiências com a Presidência da República, os Presidentes do Senado e da Câmara dos Deputados, os Presidentes do STF, CNJ e TSE e com Ministros das Cortes Superiores, sem olvidar o estreitamento das profícuas relações com o TCU e com a Academia. O relacionamento com as demais entidades representativas do controle externo, como o Colégio de Presidentes, Abracom, IRB, Audicon, Ampcon, Fenastc e a ANTC, a partir de um diálogo franco, construtivo e respeitoso, avançou consideravelmente. O resultado é que a Atricon, cada dia mais, torna-se uma entidade respeitada justamente porque soube transcender a defesa corporativa dos membros e buscou corretamente priorizar o aprimoramento institucional, reconhecendo os avanços e as fortalezas do sistema, mas sem se omitir no dever de fazer igualmente uma autocrítica honesta dos nossos problemas.

Mas, como toda a estação marcada pela renovação e por lutas, há também as inevitáveis "chuvas de primavera", fatos que dificultam a caminhada e parecem querer trazer o inverno de volta. Um dos momentos mais tristes desse período foi quando o STF decidiu retroceder e, por maioria de um voto, concluiu que os Tribunais de Contas não tinham competência para julgar contas de prefeitos ordenadores de despesas, nos termos em que a Lei da Ficha Limpa havia desejado. Trato dessa questão em dois artigos dessa coletânea, mas cabe aqui alertar que outras questões fundamentais para a efetividade do controle externo – a Súmula nº 347 do STF, que estabelece o controle incidental de constitucionalidade pelos Tribunais, a autonomia orçamentária e o poder geral de cautela – voltarão ao debate na Corte Suprema. Posto que respeitemos o livre convencimento e a dinâmica interpretativa natural dos Tribunais, é imperioso, a bem dos valores republicanos, que o STF não se afaste da linha hermenêutica que consagra os Tribunais de Contas como instituições independentes, de "colorido quase jurisdicional" e essenciais à república e à democracia.

Falo, por fim, sobre aquele que certamente foi o maior desafio como presidente da Atricon: a sensibilização da Diretoria, do Colégio de Presidentes e dos colegas membros para a proposta que viria a se transformar na PEC nº 22/2017, especialmente o capítulo que trata da alteração dos critérios e requisitos para a composição dos Tribunais de Contas, um dos temas mais delicados e em que enfrentamos, natural-mente, as maiores resistências. Tratando-se de um grupo heterogêneo, a estratégia da Diretoria continuou sendo a mesma de outras ações importantes: a mudança teria que ser de verdade, pra valer, porém pautada pelo equilíbrio, procurando, ao mesmo tempo, nos colocar no lugar de cada ator do processo, mas evitando o conservadorismo e o corporativismo. E assim foi feito, sem estratagemas, com a responsabilidade e a firmeza que o momento singular de crise nos impunha, com o apoio da Diretoria da Atricon e, posteriormente, da grande maioria dos Presidentes dos Tribunais, conseguimos, graças à acolhida republicana do Senador Cássio Cunha Lima, levar as propostas ao Congresso Nacional. Mais um ponto para a Atricon, que, coerente com o seu passado, soube sair, mais uma vez, da zona de conforto, superou resistências, e tornou-se um dos principais protagonistas das necessárias mudanças constitucionais no modelo de Tribunais de Contas. E aqui externo o nosso agradecimento a todos aqueles que ajudaram a construir esse momento, a construir esse verdadeiro "sol de primavera".

A propósito, uma ironia do destino em relação à PEC nº 22. Recentemente, relendo um dos artigos do meu livro anterior *Palavras, Textos e Contextos* (Bagaço), em que reúno artigos publicados entre 1998 e 2009, deparei-me com um fato curioso, quase premonitório. Num dos artigos escritos em 2002, "Tribunal de Contas em Futuro", faço uma viagem no tempo e conjecturo, a partir de um diálogo imaginário entre a Democracia, a Cidadania e a República, sobre a necessidade de aprovação de uma "Emenda" à Constituição bem semelhante àquela que tomou corpo por meio da PEC nº 22. Vale transcrever pequeno trecho:

> Ao final do primeiro decênio do século XXI, numa pequena cidade brasileira chamada "Futuro", a "República" e a "Cidadania" reuniram-se para um debate sobre "o papel dos Tribunais de Contas". O encontro, que foi presidido pela "Democracia", comemorava o aniversário de uma importante "Emenda Constitucional" que, depois de muito esforço, fora aprovada com o propósito de aperfeiçoar os Tribunais de Contas. A seguir os principais trechos desse debate. Ah!, não poderia deixar de mencionar que a "Ética", a "Liberdade de Expressão", a "Vontade Política" e a "Educação" foram os patrocinadores do evento.
>
> [...] Resposta da Cidadania:
>
> Embora reformulado pela Constituição de 1988 o processo de escolha de membros dos Tribunais de Contas foi ainda mais aprimorado a partir da referida Emenda. Dois terços das vagas passaram a ser preenchidas por servidores de carreira (auditores, procuradores e técnicos), e um terço permaneceu sendo indicado pelo Legislativo, sendo necessária, para tanto, além do atendimento de novos requisitos de idoneidade, notoriedade e experiência, a aprovação de, pelo menos, dois terços do Parlamento, e não maioria simples como outrora.

Prezados leitores, o futuro sonhado no texto acima chegou. É agora. Dizendo melhor: já estamos em "Futuro". E como as sementes plantadas emanaram de múltiplas mãos benfazejas, vamos precisar de todo mundo para colhermos as flores dessa nova primavera republicana.

Boa leitura!

O autor

Recife, Primavera de 2017

PARTE I

ARTIGOS

PEC Nº 22/2017:
UMA NOVA PRIMAVERA
PARA OS TRIBUNAIS DE CONTAS

Junho de 2017, *Blog* do Fausto Macedo, *Estadão*

Foi o melhor dos tempos, foi o pior dos tempos, foi a idade da sabedoria, foi a idade da insensatez, foi a época da fé, foi a época da incredulidade, foi a estação da luz, foi a estação das trevas, foi a primavera da esperança...

(*Um conto de duas cidades*, de Charles Dickens)

Avanços e crise

Ao se fazer uma leitura criteriosa e equilibrada da atuação dos Tribunais de Contas brasileiros nos últimos 29 anos, período de vigência da atual Constituição e que inaugurou o novo modelo de composição e de competências dessas instituições, a conclusão nos remete a uma espécie de paradoxo. Os Tribunais de Contas vivem o seu melhor momento da história, ao mesmo tempo em que enfrentam uma de suas maiores crises de credibilidade.

A proposta de Emenda à Constituição Federal – PEC nº 22/20171 – apresentada recentemente ao Congresso Nacional pelo Senador Cássio Cunha Lima, a partir de sugestão da Associação dos Membros dos Tribunais de Contas do Brasil (Atricon) – traz uma clara perspectiva de aprimoramento dos Tribunais de Contas. Em síntese, ela prevê a criação do Conselho Nacional dos Tribunais de Contas (CNTC) e o estabelecimento de novos critérios para a composição dos colegiados desses órgãos e de uma Lei Nacional disciplinando o Processo de Controle Externo (Processo de Contas).

Antes, porém, de justificar as medidas de aprimoramento que constam da referida proposta, é mister, por dever de justiça, e até para delimitar com mais precisão o alcance da PEC referida, voltar à primeira parte do já mencionado "paradoxo". Em recente pesquisa nacional CNI-Ibope, 80% dos entrevistados concordam que os Tribunais de Contas são fundamentais para se combater a corrupção e a ineficiência no serviço público. Trata-se de um dado insofismável, que revela a importância institucional desses órgãos e faz justiça ao profícuo trabalho realizado pela grande maioria de servidores e membros que integram hoje os Tribunais de Contas. E tanto isso é verdade que na atual crise não se houve falar em extinção dos Tribunais, como já ocorrera em contextos passados. A palavra de ordem hoje é "aprimoramento".

As raízes desse reconhecimento? Ei-las: grande parte dos Tribunais de Contas estruturou seus quadros com servidores de carreira, passaram a atuar preventiva e cautelarmente para evitar prejuízos ao erário e a avaliar a eficiência das políticas públicas, por meio das auditorias operacionais; avançaram na integração com os demais órgãos de controle; reforçaram o seu papel educador, instituindo escolas de contas; e estimularam o controle social, por meio de ouvidorias e amplos portais de transparência de dados da gestão pública. Ressalte-se, ainda, o ganho de qualidade processual alcançado a partir da efetivação dos novos papéis desempenhados pelos auditores (Ministros e Conselheiros Substitutos) e procuradores do Ministério Público de Contas.

Nesta mesma pesquisa CNI-Ibope, contudo, é dito, com as letras todas, que os Tribunais de Contas devem ser órgãos técnicos e não políticos e que eles, malgrado a relevância institucional, podem e devem melhorar o seu desempenho como guardiões da boa gestão e da responsabilidade fiscal.

Esse diagnóstico do passado, do presente de crise e dos cenários almejados há de ser balizado por duas máximas da sabedoria grega: "*conheça a si mesmo*" e "*nada em excesso*". Alerta para aqueles que, por vaidade ou conveniência, fogem da autocrítica e ensaiam deliberadas cegueiras sobre as mazelas éticas e de desempenho existentes, pondo-as por debaixo dos tapetes. Vale, igualmente, para os que se aproveitam do clamor cidadão – inerente aos momentos de exacerbadas tensões sociais, como a que se vive hoje no país – para propagarem a completa iniquidade do sistema, esquecendo-se dos mencionados avanços e seus legados positivos e olvidando uma leitura histórica do processo de aprimoramento das instituições republicanas, incluindo aí os três Poderes e todos os órgãos de controle.

Tais miopias e "darwinismos" oportunistas nos remetem à fábula de Ítalo Calvino, em *O Visconde partido ao meio*: destroçado por uma bala de canhão, apenas uma metade exata (a má) do corpo do Visconde consegue ser recuperada. Na volta ao castelo, seu novo comportamento surpreende os servos. Algum tempo depois, ele se depara com sua outra metade, que se caracterizava pela bondade. No entanto, ambas as partes são rejeitadas pela população, em virtude dos seus excessos. A moral da fábula é que o ser inteiro tem as duas faces, mas, por incompleto, está sempre sujeito a aperfeiçoamentos.

Com efeito, para "conhecer a si mesmo" e não exceder, inclusive por omissão, em relação às necessárias vacinas e remédios que propiciem o aperfeiçoamento dos Tribunais de Contas, é necessário, justa e honestamente, juntar as duas partes do Visconde Menardo Di Terralba. Se os Tribunais de Contas do Brasil não podem ser considerados ainda instituições perfeitas, tampouco podem ser rotulados de casas de inutilidade.

A PEC nº 22/2017

Os recados ouvidos da sociedade e dos estudiosos do controle com vistas ao aprimoramento dos Tribunais de Contas podem ser resumidos em três vertentes: (1) é necessária uma instância externa que controle os Tribunais de Contas, tanto em relação à conduta ética de seus membros, como no atinente à sua gestão e ao seu desempenho institucional; (2) é preciso recalibrar a composição desses órgãos, de sorte a fazer predominar, no colegiado, os membros oriundos das carreiras técnicas, além de instituir novos critérios-filtros para todas as indicações, visando acabar com a influência político-partidária e o ingresso de pessoas desprovidas dos requisitos constitucionais exigidos; e (3) a nova dimensão adquirida pelo processo de controle externo, e suas relevantes consequências no campo penal, da improbidade e eleitoral (inelegibilidades), exige, com o objetivo de mitigar as assimetrias e a insegurança jurídica, uma lei nacional – uma espécie de "CPC de Contas" – que estabeleça normas gerais sobre o processo de contas e, ainda, um mecanismo que permita a uniformização da jurisprudência sobre temas controversos entre os trinta e quatro Tribunais.

É forçoso reconhecer que a melhoria do desempenho dos Tribunais de Contas já pode e deve ser buscada, em muitos aspectos, independentemente de uma reforma constitucional. O ex-Ministro do STF, Carlos Ayres de Britto, com a sabedoria que lhe é peculiar, costuma dizer que a Lei Maior foi deveras generosa para com os Tribunais de Contas e que é chegada a hora de eles honrarem, da forma mais efetiva possível, essa nobre missão constitucional. Aqui, um parêntese, para mencionar uma importante iniciativa da Atricon que visa estimular o aprimoramento dos Tribunais de Contas – o Marco de Medição de Desempenho dos Tribunais de Contas (MMD-TC). Ferramenta de padrão internacional que compõe o Programa Qualidade e Agilidade dos Tribunais de Contas (QATC), trata-se de um verdadeiro "pássaro na mão", posto que é bússola para a efetividade e que vem induzindo avanços significativos na forma de atuação dessas instituições.

Nada obstante, a realidade evidenciada na atual crise, como antedito, exige mudanças estruturais no próprio desenho constitucional do modelo de composição e de governança interna dos Tribunais de Contas. São elas que constituem o escopo dos aprimoramentos previstos na PEC nº 22/2017, cujos principais pontos são destacados a seguir.

O Conselho Nacional dos Tribunais de Contas

A proposta prevê a criação do Conselho Nacional dos Tribunais de Contas (CNTC), com as seguintes atribuições básicas: a) processar e responsabilizar os membros dos Tribunais de Contas (ministros, conselheiros e seus substitutos) por irregularidades e desvios éticos; b) fiscalizar os atos de gestão administrativa e financeira dos Tribunais; c) estabelecer metas nacionais de desempenho; e d) dar transparência máxima, por meio de um Portal na Internet, aos atos de gestão e da fiscalização exercida pelos Tribunais. Além disso, uma das novidades da proposta é a previsão de uma câmara com a função de uniformizar a jurisprudência sobre temas de repercussão nacional, a exemplo daqueles presentes na Lei de Responsabilidade Fiscal (LRF).

Em sintonia com a legítima preocupação quanto ao aumento dos gastos públicos e à criação de um novo órgão, a proposta prima pela austeridade, porquanto seu impacto sobre as contas públicas será mínimo. O CNTC funcionará no Tribunal de Contas da União (TCU), seus integrantes não serão remunerados, os eventuais deslocamentos e assessoramentos serão custeados obrigatoriamente pelas entidades nele representadas e as sessões devem acontecer, preferencialmente, em ambiente virtual. Sua composição atende aos postulados federativos e de arejamento social, na medida em que será composto por dois ministros do TCU, quatro conselheiros de Tribunais de Contas de Estados e Município(s), um auditor (ministro ou conselheiro substituto), um procurador do Ministério Público de Contas (MPC), um representante da OAB e dois cidadãos, um indicado pela Câmara e outro, pelo Senado Federal. A Câmara de Uniformização de Jurisprudência será composta, observada a proporcionalidade federativa, apenas pelos integrantes do CNTC que sejam membros de Tribunais de Contas, oficiando, perante ela, o Procurador-Geral do MPC junto ao TCU.

Muitos podem perguntar: por que não inserir os Tribunais de Contas no Conselho Nacional de Justiça (CNJ)?

Em primeiro lugar, submeter os Tribunais de Contas ao CNJ é inconstitucional por manifesta afronta ao princípio da separação dos poderes, cláusula pétrea que impede a propositura de emendas à Lei Maior. Embora compostos por julgadores (magistrados) de contas, os Tribunais de Contas não fazem parte do Judiciário. Em rigor, seria algo como sujeitar os membros do Ministério Público ou do Poder Legislativo ao CNJ. Ou submeter os magistrados ao Conselho do Ministério Público. Por outro lado, e não menos relevante, os membros do CNJ, em sua maioria, desconhecem a realidade do processo de controle externo e dos Tribunais de Contas, o que inviabilizaria o exercício de uma das atribuições mais importantes desses Conselhos: a instituição cogente de metas e indicadores de desempenho institucional.

Há, outrossim, os que alegam a questão dos custos para defender o CNJ, neste caso. O impacto fiscal, como dissemos, é um aspecto importante, tanto que a PEC nº 22/2017 o leva em conta, quando propõe um novo modelo austero para o CNTC. Todavia, ademais das cautelas já referidas, o argumento financeiro não pode constituir-se em estorvo cabal. Há benefícios que certamente valem os custos. A melhoria do controle a ser propiciada a partir da atuação do CNTC compensará o esforço, como bem atestam as experiências do próprio CNJ e do CNMP. A propósito, as propostas constitucionais que conferem autonomia orçamentária aos Ministérios Públicos de Contas, apoiada pelas diretrizes da Atricon, vale dizer, é outro exemplo de benefício que valerá o custo.

O novo modelo de composição dos Tribunais de Contas

A PEC nº 22/2017 propõe que os colegiados de todos os Tribunais de Contas do Brasil, incluindo o TCU, sejam compostos predominantemente por membros oriundos das carreiras técnicas. O TCU, mediante indicação própria, aumentaria de dois para cinco os membros oriundos das carreiras, da seguinte forma: três escolhidos entre Ministros Substitutos (Auditores), um, entre Procuradores de Contas do MPC, e outro, do quadro de Auditores de Controle Externo. As indicações do Congresso Nacional passariam de seis para quatro, sendo eliminada a indicação livre do Chefe do Poder Executivo. Os Tribunais de Contas nas esferas dos Estados, Distrito Federal e Municípios, mantendo-se a histórica e necessária simetria com o modelo federal, seriam compostos por dois membros oriundos do quadro de Conselheiros Substitutos (Auditores), um, dos Procuradores dos MPCs, um, dentre os Auditores de Controle Externo e os outros três – e não mais quatro – continuariam indicados pelo Legislativo.

A prevalência de Ministros e Conselheiros Substitutos nos colegiados ocorre justamente pelo fato de estes já serem, à luz da Carta Magna, membros naturais dos Tribunais de Contas, papel seme-lhante ao desempenhado pelos Juízes no âmbito do Judiciário. Já a presença de um Procurador de Contas e de outro membro oriundo da carreira de controle externo ocorre à semelhança do chamado "quinto constitucional", também existente nos Tribunais do Poder Judiciário.

Antes de qualquer outra razão, a lógica a justificar a inflexão proposta quanto à composição dos Tribunais de Contas reside na busca de conferir uma repartição mais proporcional em relação às competências das duas instâncias de poder responsáveis constitucionalmente pela magna função de controle externo da administração pública: o Poder Legislativo, representando o povo, atuando no controle político da gestão pública, e os Tribunais de Contas, como órgãos técnicos autônomos e dotados de competências constitucionais exclusivas.

Com efeito, no exercício de sua competência fiscalizadora, o Poder Legislativo já dispõe de inúmeros e poderosos instrumentos para controlar a gestão pública, a saber: (a) julga as contas do Chefe do Poder Executivo, (b) susta atos normativos do poder público, (c) susta contratos administrativos, (d) aprova os orçamentos e acompanha a sua execução por meio de comissão específica; (e) aprova CPIs – Comissões Parlamentares de Inquérito; (f) convoca autoridades para prestarem esclarecimentos sobre atos de gestão; (g) emite parecer prévio sobre as contas dos Tribunais de Contas; (h) solicita auditorias aos Tribunais de Contas; (i) julga os Chefes de Poder Executivo nos crimes de responsabilidade (*impeachment*); (j) zela pelo equilíbrio fiscal por meio de uma Instituição Fiscal Independente, sem esquecer (k) o controle exercido por meio da apreciação de leis e do poder de veto.

Aos Tribunais de Contas foram reservadas as competências de natureza mais técnica, destacando-se o exame das contas para fins de julgamento (contas de gestão) e a emissão do parecer prévio (contas de governo), a partir da realização de auditorias e inspeções que analisam a legalidade, a legitimidade, a economicidade e a eficiência de todos os atos de governo e de gestão, tudo isso sob o auspício do devido processo legal de contas, que assegura ampla defesa, contraditório, recorribilidade e juízo de valor equânime e proporcional. Processo peculiar "de colorido quase jurisdicional", como denomina o Ministro do STF Celso de Mello. Um aspecto que merece realce é a compreensão da precisa topografia institucional dos Tribunais de Contas. Não obstante colaborem com o Parlamento no exercício da função de Controle Externo, os Tribunais não são órgãos inseridos na estrutura do Poder Legislativo.

É, portanto, sob essas perspectivas e balizas que a PEC nº 22/2017 apresenta uma nova calibragem da composição dos Tribunais de Contas, com predomínio de membros que naturalmente construíram uma carreira profissional no exercício técnico do controle externo. Neste aspecto, há uma analogia direta com a forma de compor os Tribunais de Justiça dos Estados, os Tribunais Regionais Federais e o Superior Tribunal de Justiça (STJ), nos quais a maioria dos membros advém da própria carreira da magistratura. Em rigor, essa nova inflexão constitui um desdobramento do mesmo movimento que já ocorrera quando da promulgação da CF/88, em que a composição passou a contar, pela primeira vez, com membros oriundos das referidas carreiras e o Poder Legislativo aumentou o seu papel. Vale lembrar que, antes de 1988, todas as indicações eram do Poder Executivo.

Com esse novo paradigma referente à composição, é imperioso registrar, à luz das reflexões aqui mencionadas, que não se está pondo em dúvida o caráter, a idoneidade ou a competência dos atuais membros oriundos do Legislativo e do Executivo, os quais, em sua esmagadora maioria, honram a função que exercem. Com efeito, esses valores éticos e morais são imanentes à personalidade de cada pessoa e transcendem a origem e a trajetória profissional. É falsa, portanto, a ideia de estabelecer uma dicotomia: membros técnicos e membros políticos. Qualquer que seja a proporcionalidade ou a origem dos que compõem os colegiados, a atuação do membro de um Tribunal de Contas deve primar obrigatoriamente pela técnica. É essa a natureza jurídica do processo de contas no âmbito dos Tribunais, sem espaço, portanto, para juízos políticos. Ressalte-se, porém, que decidir tecnicamente não significa seguir sempre e cegamente os "achados" (irregularidades) apontados nos relatórios preliminares ou pareceres produzidos pelas equipes técnicas de auditoria. É possível que a partir da defesa apresentada ou da produção de provas idôneas a decisão final do Tribunal conclua motivadamente de forma diferente e, mesmo assim, a deliberação será de natureza técnica.

Ao tempo em que propõe um novo perfil para o colegiado dos Tribunais de Contas, a proposta preserva aproximadamente quarenta por cento das vagas para o Poder Legislativo, acrescentando, contudo, novos filtros-requisitos, como quarentena de três anos, vedação de indicação de quem tenha condenação, ainda que em primeiro grau, daquele que teve contas rejeitadas pelo Tribunal de Contas de sua jurisdição. Exige-se, ademais, quórum qualificado de maioria absoluta para aprovação (hoje basta maioria simples) e estes deverão, no mínimo, possuir graduação e experiência nas áreas jurídica, contábil, econômica e financeira ou de administração pública, como forma de aferir o "notório conhecimento", sobre a área técnica do controle, ditado pela Constituição. Detalhe: *mutatis mutandis*, esses mesmos filtros são exigidos para as indicações emanadas das carreiras.

Com efeito, há que se reconhecer a importância da manutenção de indicações advindas do Poder que representa o povo – e por isso mesmo titulariza a função de controle. Não se mostra razoável alijar por completo a benfazeja participação do Legislativo na formação dos colegiados dos Tribunais de Contas. Ademais, a partir da aprovação dos novos regramentos espera-se maior diversificação e multidisci-plinaridade nos perfis que venham a ser indicados pelo Parlamento: agentes públicos com reconhecida experiência legislativa, em gestão e controle e cidadãos, estudiosos, acadêmicos e profissionais liberais renomados que preencham os requisitos para o cargo.

A Lei Nacional Processual de Controle Externo

Além dos pontos referentes à composição e ao CNTC, a PEC nº 22/2017 preocupou-se com a padronização da atuação dos Tribunais de Contas, ao incluir, entre as matérias de competência legislativa privativa da União, a edição de um diploma processual de controle externo de caráter nacional, uma espécie de "CPC de Contas", de iniciativa privativa do Tribunal de Contas da União. Hoje são trinta e quatro leis orgânicas e regimentos internos independentes, disciplinando integralmente o processo de contas em cada Tribunal. Resultado:

assimetrias quanto a procedimentos, tipologia processual e conteúdo das contas. Deste ponto de vista, a proposta contribui para consolidar um antigo desejo dos atores do controle externo brasileiro, iniciativa alinhada com o sentido amplo da uniformização e sistematização pretendida pela proposta.

A ilustrar a importância desse código de contas, imagine-se um gestor de determinado município dos Estados do Pará, Ceará, Goiás ou Bahia, por exemplo, que tenha o dever de prestar contas de um convênio financiado a partir de recursos oriundos dos governos federal, estadual e municipal. Pelas regras de hoje, este gestor terá que observar regramentos processuais de três diferentes Tribunais de Contas. Imagine-se ainda que, em relação à interpretação da aplicação de leis nacionais, a exemplo da LRF, estes três Tribunais de Contas possuam diferentes entendimentos. A existência do "CPC de Contas", aliada ao novo papel da Câmara de Uniformização de Jurisprudência do CNTC, assegurará coerência, previsibilidade e segurança jurídica àqueles que integram a relação processual de contas.

O tempo e os novos ventos democráticos e republicanos

Sem embargo de outras propostas respeitáveis que tramitam no Congresso Nacional, a PEC nº 22/2017, que conta com o apoio institucional da Atricon e da maioria dos que integram o Colégio de Presidentes de Tribunais de Contas do Brasil, enfrenta, com ousadia, equilíbrio e de forma sistêmica, pontos nevrálgicos que mitigam um aprimoramento mais célere e estruturado desses órgãos. Decerto que, doravante, a proposta deve ser debatida com a sociedade e dentro do próprio sistema de controle externo, assim como com a academia, mas, sobretudo, com o Congresso Nacional, que poderá aprimorá-la ainda mais e conferir-lhe o imprescindível selo da legitimidade democrática.

Se há a crise, e ela existe, a oportunidade de superação se descortina em igual magnitude. Nada obstante, se se soube, com trabalho coletivo e colaborativo, coragem e paciência, fazer a hora até aqui, é preciso estar ciente de que "há tempo para tudo" e que a dialética do processo legislativo exigirá de todos um esforço redobrado com vistas a priorizar as muitas convergências quanto ao futuro modelo dos Tribunais de Contas.

Como na magistral cena de abertura do filme *Match Point*, de Woody Allen, sempre lembrada com lucidez pelo Ministro do STF, Luís Roberto Barroso, conseguiu-se, até aqui, o feito histórico de colocar a bola de tênis exatamente sobre a rede que separa os dois lados da quadra. Ajudados pelos ventos democráticos e de esperança vindos da sociedade, o desafio que se impõe agora é criar uma nova primavera para os Tribunais de Contas, convencendo os representantes do povo a ganhar definitivamente esse histórico jogo republicano. A boa nova precisa andar nos campos.

TRIBUNAIS DE CONTAS: APRIMORAMENTOS NECESSÁRIOS

Julho de 2017, *O Globo*

São as instituições que nos ajudam a preservar a decência.

(Timothy Snyder)

Momento paradoxal vivem os Tribunais de Contas. Ao mesmo tempo em que experimentam grandes conquistas, estão diante de uma de suas mais graves crises. Por isso, diversas propostas de Emendas (PECs) tramitam hoje no Congresso com o objetivo de reformá-los. A PEC nº 22/2017, apresentada pelo senador Cássio Cunha Lima, enfrenta da forma mais ampla os atuais desafios éticos e de desempenho destas instituições. A razão é simples: ela é precisa no diagnóstico, reconhecendo e preservando os avanços históricos, além de compreender que as mudanças devem alcançar todos os 34 Tribunais de Contas do Brasil, incluindo o da União.

A PEC nº 22 possui três grandes eixos. O primeiro é a criação do Conselho Nacional dos Tribunais de Contas (CNTC), ao qual caberá: a) processar e responsabilizar seus membros; b) fiscalizar atos de gestão; c) fixar metas nacionais de desempenho; e d) dar transparência máxima aos atos administrativos e de fiscalização dos Tribunais. Além disso, poderá uniformizar a jurisprudência sobre temas de repercussão nacional, conferindo mais segurança ao processo de contas. Seu impacto orçamentário será mínimo: funcionará no Tribunal de Contas da União, nenhum integrante será remunerado, as despesas com deslocamentos serão custeadas pelas entidades responsáveis pelas indicações e suas sessões acontecerão, prioritariamente, em ambiente virtual. O segundo eixo refere-se às mudanças nos critérios de composição. Sem deixar de reconhecer a importância da presença de membros indicados pelo Legislativo, a PEC nº 22 propõe que os colegiados sejam compostos predominantemente por servidores oriundos das carreiras técnicas, a saber: auditor (ministro e conselheiro substituto), procurador do Ministério Público de Contas e auditor de controle externo. O propósito maior dessa inflexão é o de conferir uma repartição mais equilibrada em relação às competências das duas instâncias de poder responsáveis constitucionalmente pela função de controle externo da gestão: o Poder Legislativo, titular do controle político, e os Tribunais de Contas, órgãos autônomos e dotados de competências exclusivas, do controle técnico.

O texto propõe, ainda, o fim da livre-indicação do Poder Executivo e, para assegurar máxima probidade e independência aos seus membros, estabelece que as nomeações deverão atender a novos requisitos, como: quarentena de três anos; ausência de condenações ou contas reprovadas; e aprovação por um novo quórum de maioria absoluta do Legislativo, no caso dos indicados por esse poder.

Em sua última dimensão, a PEC nº 22 zela pela segurança jurídica ao buscar reduzir as assimetrias, dentro do sistema, quanto a aspectos gerais do processo de controle externo, como tipologia, prazos e conteúdo das prestações de contas. Para isto, a proposta inclui, entre as matérias de competência legislativa privativa da União, a edição de uma lei nacional, uma espécie de "CPC de Contas".

A despeito dos grandes avanços vivenciados pelos Tribunais de Contas, não há dúvidas quanto à necessidade de aprimorá-los. Instituição essencial, sua atuação há que ser pautada, cada vez mais, pelos atributos da boa governança interna, pela conduta ética de seus membros e pelo efetivo desempenho como guardião das contas públicas. Inspirada por esses propósitos, a PEC Nº 22/2017, de forma determinada, sistêmica e equilibrada, aponta para um alvissareiro horizonte de excelência institucional, o que justifica seu amplo debate pela sociedade e pelo Parlamento.

UMA AGENDA PARA
OS TRIBUNAIS DE CONTAS

Abril de 2017, no JOTA

Os Tribunais de Contas, como guardiões da república e instituições essenciais à democracia, precisam ser exemplos de bom desempenho, transparência e comportamento ético de seus membros. Conquanto se respeitem as garantias constitucionais da ampla defesa e da presunção de inocência, os fatos graves acontecidos recentemente no Rio de Janeiro acenderam definitivamente o sinal de alerta para a necessidade de mudanças significativas e de melhores controles sobre a atuação dos Tribunais de Contas. Aprimoramentos necessários, a despeito do inegável avanço que experimentaram essas instituições após a Constituição Federal de 1988 e a Lei de Responsabilidade Fiscal (LRF), notadamente aqueles que desde então partiram para a profissionalização da área de auditoria, a estruturação das carreiras de membros substitutos (auditores) e do Ministério Público de Contas e aqueles que estimularam o controle social por meio da divulgação ampla de dados e indicadores da gestão em portais de transparência públicos.

É preciso, no entanto, com a máxima premência, por meio de uma consistente reforma constitucional, blindar os Tribunais de Contas de qualquer tipo de influência de natureza político-partidária, que possa comprometer a atuação ética e independente de seus membros e, por conseguinte, a efetividade de seu papel controlador em defesa da correta aplicação dos recursos do povo.

A Associação dos Membros dos Tribunais de Contas do Brasil (Atricon), há quase uma década, defende a criação de um Conselho

Nacional para estes órgãos (CNTC), à semelhança dos que já existem para o Judiciário e o Ministério Público. Para dar corpo à ideia, no início deste ano, a entidade apresentou ao Congresso Nacional uma nova proposta de emenda constitucional para a criação desse Conselho, que seria composto por ministros do TCU, conselheiros, auditor substituto, procurador de contas e representantes da sociedade (incluindo a OAB).

Esse Conselho terá a competência para (a) processar e responsabilizar seus membros por irregularidades e desvios éticos; (b) fiscalizar os atos de gestão administrativa e financeira dos Tribunais; (c) estabelecer metas nacionais de desempenho; (d) dar transparência máxima, via Portal na Internet, a todos os atos de gestão e de fiscalização dos Tribunais; além de (e) proceder, por meio de uma Câmara específica, à uniformização de jurisprudência sobre temas que envolvam questões de repercussão nacional, a exemplo da interpretação da LRF. Vale lembrar que atualmente não existe qualquer mecanismo jurídico que permita uniformizar questões legais controversas no âmbito do sistema de Tribunais de Contas, o que acaba gerando manifesta insegurança jurídica, na medida em que, no limite, pode haver trinta e quatro interpretações diferentes de leis nacionais aplicadas à administração pública.

Ademais, entre os avanços da proposta apresentada está a preocupação em não onerar, além do mínimo razoável, os cofres públicos. Com efeito, conforme a proposta, o CNTC não terá sede própria (funcionará no TCU), os seus integrantes não receberão qualquer vantagem financeira e o custeio de eventuais deslocamentos e de assessorias será rateado entre as entidades nele representadas. Além disso, as sessões acontecerão preferencialmente em ambiente virtual.

Mas há outra questão que não pode deixar de ser enfrentada nesta oportunidade histórica de aprimoramentos institucionais: as regras de composição dos Tribunais de Contas. Se é verdade que o atual modelo – em que um quarto dos membros são oriundos das carreiras técnicas constitucionais (auditores substitutos e procuradores de contas) e os demais são indicados pelo Parlamento – representa um grande avanço com respeito às regras anteriores, em que todos os membros eram indicados pelo Chefe do Executivo; se é verdade também que boa parte dos indicados pelo Poder Legislativo exercem suas atribuições com retidão, a história tem evidenciado que as autoridades incumbidas das indicações, em muitas oportunidades, deixam de observar os requisitos constitucionais de provimento do cargo, especialmente os relacionados à idoneidade moral e à reputação ilibada.

E todo esse descaso, por menor que seja, acaba comprometendo o desempenho institucional e abalando a credibilidade e a confiança nos Tribunais e em todo o sistema de controle externo. Para tanto, considerando que a natureza da função de controle executada pelos Tribunais de Contas, diferentemente da exercida pelo Parlamento, é (e deve ser) eminentemente técnica, nada mais legítimo e coerente do que se discutir abertamente uma mudança constitucional que permita proteger essas instituições de qualquer tipo de ingerência deletéria. Entre essas mudanças, estão o aumento da proporção, no colegiado, dos membros oriundos das referidas carreiras técnicas constitucionais, que passariam a ser maioria, o estabelecimento de um prazo de quarentena para aqueles indicados pelo Poder Legislativo, assim como a previsão de mecanismos que permitam transformar as sabatinas legislativas numa efetiva oportunidade para se aprofundar a observância dos requisitos constitucionais para o cargo.

É natural que em momentos de crise grave, como a que passamos, não demorem a aparecer os corvos institucionais, aqueles que, por falta de conhecimento, de visão histórica ou interesses não republicanos, irão apregoar a desconstrução institucional dos Tribunais de Contas, o que seria um grave retrocesso. Por essa razão, é necessária a devida prudência e sensatez, para evitar mudanças açodadas, que, ao invés de melhorar e fortalecer, acabe comprometendo os avanços históricos alcançados e a própria efetividade do modelo de controle. O interesse público aponta o caminho da mudança, do aprimoramento. Necessário, contudo, que esse desejo de evolução institucional, tão sedimentado na sociedade, também brote naqueles que hoje atuam nos Tribunais de Contas. O que o momento exige de nós agora é coragem.

DÂMOCLES E OS TRIBUNAIS DE CONTAS*

Janeiro de 2017, jornal *O Povo*

Uma das principais conclusões do notável livro *Por que as Nações Fracassam*, de Acemoglu e Robinson, é que o desenvolvimento de uma nação é diretamente proporcional à qualidade de sua democracia e de suas instituições. Preservar a democracia e seus avanços significa fortalecer as instituições para que o Estado possa cumprir efetivamente com os seus objetivos precípuos: promover o bem comum, reduzir as desigualdades e garantir o desenvolvimento.

Os Tribunais de Contas são uma conquista da República e da democracia brasileira e como tal desempenham um relevante papel em defesa da boa governança pública, exercendo o controle externo com o propósito de proteger o patrimônio do povo de ineficiências e corrupção.

Essa natureza republicana e democrática dos Tribunais de Contas foi deveras ampliada e robustecida pela nova ordem constitucional iniciada em 1988 e foi a própria Lei Maior quem estabeleceu garantias implícitas e explícitas visando proteger esses órgãos de ações deletérias. Com efeito, semelhante ao que acontece com os direitos e garantias individuais, que são protegidos pelo cânone da vedação do retrocesso, também na esfera pública o fortalecimento de instituições de caráter republicano deve ser protegido por cláusulas rígidas, que impeçam, por exemplo, que maiorias ocasionais no Parlamento ou arroubos autoritários desconstruam conquistas democráticas.

A recente iniciativa de extinção do Tribunal de Contas dos Municípios do Estado do Ceará, uma instituição respeitada e com mais de 60 anos de história, nos moldes em que foi tentada, é um típico exemplo de retrocesso institucional, vedado pela Constituição. A alegação de que a extinção seria econômica para o Estado não restou comprovada por nenhum estudo prévio, e nem poderia, considerando que todo o patrimônio e a quase totalidade do quadro funcional seria absorvida pelo TCE e os membros não aproveitados continuariam a receber seus subsídios integralmente sem trabalhar. Outro dado que merece realce é que os valores somados dos orçamentos do TCM e do TCE são bem semelhantes aos de Tribunais de Contas de outros Estados que possuem jurisdição plena sobre as administrações estadual e municipais.

A crise econômica e fiscal enseja ajustes orçamentários, que são fundamentais para o reequilíbrio das contas públicas. Não é, porém, com a desconstrução imotivada de órgãos de controle que se alcançará maior rigor nos gastos públicos. Neste caso, esse desejo soa até como uma contradição.

Diante do atual estágio evolutivo dos Tribunais de Contas e do sistema de controle externo – cujo modelo, vale lembrar, foi delineado e ratificado pela atual Carta Magna –, qualquer alteração que reduza, impeça e mitigue a atuação dessas instituições implica manifesto retrocesso, vedado pelo pacto republicano e pelos princípios da segurança jurídica e da proteção da confiança legítima.

Não bastasse esse aspecto fundamental e meritório, a proposta – aprovada de forma açodada em menos de 15 dias, sem qualquer discussão com a sociedade e sem que fossem apontados fatos que desacreditassem o bom conceito gozado pelo TCM – ainda é claramente inconstitucional por afrontar a autonomia e a capacidade de autogoverno assegurados aos Tribunais pela Lei Maior (CF, artigos 73, 75 e 96). Qualquer mudança estrutural no modelo de controle externo exercido por um Tribunal de Contas, salvo as alterações que emanam de um poder constituinte originário, ilimitado por natureza, exige-se que a iniciativa legislativa seja do próprio Tribunal. Admitir, por exemplo, que uma proposta de autoria de um parlamentar extinga Tribunais de Contas significa colocar a espada de Dâmocles permanentemente sobre a cabeça do Tribunal, ceifando todas as garantias que permitem uma atuação independente. Inconcebível. Ressalte-se, ademais, que não foi a Constituição do Estado que criou o TCM-CE. Em rigor, foi a Carta Magna federal que disciplinou a estrutura, a organização e as competências de todos os Tribunais de Contas do Brasil, daí por que não há espaço para o legislador estadual tratar do tema, quanto menos sem a participação do próprio Tribunal afetado.

Como todas as instituições, os Tribunais de Contas, a despeito dos bons serviços que já prestam à sociedade, podem e devem ser aprimorados. A Associação dos Membros dos Tribunais de Contas do Brasil (Atricon) defende, por exemplo, a criação de um Conselho Nacional para os Tribunais de Contas, nos moldes do CNJ, e desenvolve programas e ações que incentivam essas instituições a buscarem o melhor desempenho com vistas a cumprirem plenamente o seu valoroso papel constitucional. Da mesma forma que a construção do êxito de uma nação se dá pelo acúmulo de conquistas históricas, nosso fracasso poderá ser fruto da tolerância com os retrocessos. Continuaremos alertas, vigilantes e confiantes de que o STF, assim como já prenunciou no exame cautelar na infeliz iniciativa, extirpará definitivamente essa manifesta ameaça à efetividade do sistema constitucional de controle externo.

---

* Artigo em coautoria com Thiers Vianna Montebello, presidente do Tribunal de Contas do Município do Rio de Janeiro e da Associação Brasileira dos Tribunais de Contas dos Municípios (Abracom)

ACERTANDO AS CONTAS COM A FICHA LIMPA

Outubro de 2016, *Folha de S.Paulo*

Ao tratar das prestações de contas de gestores, a Constituição instituiu duas modalidades: as contas de governo e as contas de gestão. As primeiras tratam de compromissos mais gerais do chefe do Executivo, a exemplo dos balanços e relatórios dos planos, sendo julgadas pelo Poder Legislativo com base em parecer prévio emitido pelo Tribunal de Contas.

Já as chamadas contas de gestão refletem o processamento completo de todas as despesas públicas. Elas são de responsabilidade dos administradores e de todos aqueles que, de alguma forma, contribuem para a edição de atos de gestão (realização de despesas, licitações, contratações, pagamentos, etc.), cabendo ao Tribunal de Contas julgá-las, sem participação do Legislativo. Comprovando-se irregularidades graves, esse julgamento pode ensejar a determinação de ressarcimento ao erário, aplicação de multas e a eventual representação aos órgãos competentes para fins de ações penais, de improbidade e de inelegibilidade.

Ante esses contornos constitucionais, que consagram a natureza dualística das contas, conclui-se que se um prefeito, por exemplo, decidir, por vontade própria, assumir a ordenação de despesas, ele se iguala a qualquer administrador e terá as suas contas de gestão julgadas pelo Tribunal, com todas as consequências no campo das responsabilizações. Inspirada neste entendimento, a Lei da Ficha Limpa estatuiu que tal julgamento, por parte do Tribunal, tem o poder de causar a inelegibilidade do gestor, tese considerada constitucional pelo STF, em 2012, no julgamento das ADCs nº 29 e 30.

Nada obstante, em recente decisão, o mesmo STF, por diferença de um voto, mudou a posição anterior, atribuindo às Câmaras de Vereadores a competência para o julgamento das contas de gestão do prefeito. Esse entendimento conferiu uma espécie de "foro privilegiado" ao chefe do Executivo, deixando de lado o critério da natureza das contas. Essa nova posição, às vésperas das eleições de 2016, significou um enfraquecimento da Lei da Ficha Limpa, visto que, na prática, imunizou cerca de 6.000 prefeitos e ex-prefeitos que tiveram contas de gestão julgadas irregulares pelos Tribunais.

Vale lembrar que, nas eleições de 2012, duas em cada três das impugnações decorreram do julgamento realizado pelos Tribunais. Esclareça-se, contudo, que, ainda que o STF não houvesse mudado o entendimento, nem todos estes gestores ficariam inelegíveis. A lei exige que, para tanto, as irregularidades devam ser graves, atos de improbidade dolosa, como desvios, desfalques e fraudes.

Há chances de o STF rever essa posição? Decerto que sim. Com efeito, quando se está no terreno, amiúde movediço, da hermenêutica constitucional, é muito difícil falar em verdades absolutas e estáticas. Não esqueçamos de Kelsen e da sua sempre atual "moldura de interpretações razoáveis". Isso quer dizer que, entre interpretações razoáveis – e, portanto, respeitáveis –, é sempre possível se buscar aquela que confira máxima efetividade a todo o sistema constitucional.

A propósito, agora mesmo o próprio STF trilhou essa senda, ao alterar a sua posição histórica sobre a possibilidade de execução da pena antes do trânsito em julgado. O julgamento técnico, e não político, das contas de gestão de chefe do Poder Executivo pelos Tribunais de Contas, além de constitucionalmente coerente, implica garantir efetividade aos demais dispositivos constitucionais e legais que possibilitam a responsabilização de agentes e, ao mesmo tempo, protegem a democracia e a gestão daqueles que não souberam honrar os valores fundamentais da República.

CARTA DA "REPÚBLICA"
AOS TRIBUNAIS DE CONTAS

Outubro de 2016, *Blog* do Fausto Macedo, *Estadão*

Rebentos da mesma época, vejo encarnada em você a nobre missão de me proteger. Como acontece hoje no Brasil, vivíamos, no final do século XIX, um momento de grandes e históricas transformações institucionais e sociais, com destaque para o meu nascimento. Como hoje, não obstante as tensões sociais e os riscos históricos de alguns passos, próprios dos períodos de inflexão, os ventos resultantes sopravam na direção de dias melhores. A monarquia, por sua própria índole, não exigia dos seus representantes compromisso maior com o dever de prestar contas dos recursos da Coroa. Comigo, essa responsabilidade é destino, é razão de ser. Na medida em que a "Res" passa a ser pública, os governantes precisam zelar pela boa gestão, prestar contas, ser transparentes e se submeter aos mecanismos institucionais e sociais de controle.

Foi nesse contexto que, inspirado na experiência europeia e nos estudos e ideais de muitos outros brasileiros, a quem denominou de verdadeiros *respúblicos*, que Rui Barbosa, o seu mais ilustre defensor, convenceu o novo Governo e o Congresso a criá-lo nos moldes de uma instituição peculiar, uma espécie de "magistratura intermediária à administração e à legislatura, que, colocado em posição autônoma, com atribuições de revisão e julgamento, cercado de garantias contra quaisquer ameaças, pudesse exercer as suas funções vitais no organismo constitucional, sem risco de converter-se em instituição de ornato aparatoso e inútil".

Confesso que passados esses mais de cem anos de vivência institucional, sobrevivendo a cinco Constituições e a longos períodos de escuridão democrática, cheguei a temer pelo seu futuro e, por conseguinte, pelo meu próprio. No entanto, com a Constituição Cidadã de 1988, que valorizou, como nenhum outro Estatuto, o seu papel como meu guardião e protetor da gestão e da democracia, tive a certeza de que a sua essencialidade seria sustentável.

Nada obstante, é justamente nesta atual quadra da história – em que se celebra o 28º aniversário dessa mesma Constituição e a população reconhece inequivocamente o papel que lhe cabe como instituição fundamental para a eficiência da gestão e para a prevenção da corrupção, conforme revelou pesquisa nacional realizada pelo Ibope – que você tem pela frente alguns dos seus maiores desafios. Com a devida licença, permita-me tecer algumas reflexões sobre três deles: (a) o seu papel para efetividade da Lei da Ficha Limpa, (b) a importância de sua atuação preventiva e cautelar e (c) a necessidade de sua autonomia orçamentária. E antecipo, desde já, que estou otimista quanto à superação destes obstáculos.

Em relação à Lei da Ficha Limpa, estou certo de que, mais cedo do que mais tarde, o STF evoluirá do excesso de cautela demonstrado nesta última decisão de agosto de 2016, adotando uma interpretação que esteja em melhor sintonia com as realidades institucionais e sociais e assegure mais efetividade a todo o sistema constitucional de controle externo, cujas competências conferidas aos Tribunais de Contas, vale lembrar, também emanam de um poder democrático. Ao final, esteja certo, o Supremo, como vem fazendo em outros temas do controle e da cidadania, reconhecerá, nos Tribunais de Contas, a competência para julgar as chamadas contas de gestão de prefeitos ordenadores de despesas, com o que essa decisão técnica deverá continuar sendo um poderoso filtro para afastar o joio e permitir que o trigo seja o alimento-mor da boa governança pública e da qualidade da democracia.

Com a mesma certeza, acredito que não haverá retrocesso em relação ao poder cautelar, que reputo como uma das atribuições que vem sendo exercida por você com mais denodo e efetividade, seja quando evita o prosseguimento de uma licitação viciada, impede uma repactuação contratual antieconômica ou quando procura garantir o ressarcimento do erário ante evidentes indícios de prejuízos ou de desvios. Todos os dias tomamos conhecimento de suas ações profiláticas que têm evitado vultosos danos ao erário. Neste caso, há que prevalecer a máxima popular de que "prevenir é sempre o melhor remédio".

A propósito, o seu maior patrono já alertava para a importância da fiscalização preventiva naquela mesma mensagem histórica em que justificava a sua criação, baseada, em grande medida, no modelo italiano de Tribunais de Contas. Decerto que em cada caso concreto sempre existirão nuances que podem delimitar o exercício da competência cautelar, porém a posição individual de um magistrado, por mais respeitável que seja, não terá o condão de mudar a essência de uma jurisprudência já consolidada e lastreada na melhor teoria da interpretação constitucional. Esteja certo, ademais, que ao exercer essa atribuição, você não estará, como sugerem alguns, "indo além das sandálias". Aqui não se aplica a máxima do grego Apeles, pois é a própria Constituição quem lhe assegura o exercício pleno de todos os matizes que compõem a pintura constitucional que norteia a aplicação dos recursos públicos.

Por último, mirando agora para o Parlamento, deparo-me com uma proposta de congelamento do seu orçamento. É verdade que a grave crise fiscal por que passa o país demanda austeridade e atitude exemplar, mormente daquelas instituições, como é o seu caso, encarregadas de zelar pela responsabilidade e equilíbrio fiscal. Mas duvido que, ao fim, o Legislativo enverede por esse descaminho darwiniano; que colide com o bom senso, os dados de realidade, os princípios federativo e da isonomia e que parece mais combinar com desinformação ou uma tentativa individual de "cortar as asas" de quem, a cada dia, incomoda mais àquele que caminha fora de minhas balizas.

Refletindo sobre todos esses contextos de desafios, concluo que as novas pedras que estão surgindo no caminho se devem muito mais aos seus avanços, fazendo as vezes das inevitáveis "dores do crescimento" institucional.

Permita-me, contudo, algumas ponderações derradeiras, com recurso à máxima sabedoria grega, consignada no oráculo de Apolo, em Delfos, que nos recomenda: "Conhece a ti mesmo". Nenhuma instituição é perfeita, e você, como todas as outras, pode melhorar. Neste sentido, e para me proteger de forma ainda mais plena, é fundamental o seu irrestrito apoio às iniciativas que busquem atenuar as assimetrias e consolidar o "Sistema" de Controle Externo, a exemplo do já exitoso Programa QATC – Qualidade e Agilidade dos Tribunais de Contas da Atricon, da aprovação de uma lei processual nacional de contas e da criação do CNTC – Conselho Nacional dos Tribunais de Contas.

Nessa mesma senda, é preciso estar consciente de que o seu aprimoramento contínuo, bem como o da qualidade do processo de controle externo das contas públicas não passará ao largo do fortalecimento do papel da instância decisória (ministros, conselheiros e substitutos), do seu Corpo Técnico e do Ministério Público de Contas. Neste aspecto, resguardadas as limitações e as atribuições constitucionais de cada órgão e segmento que compõem o "corpo" ideal que representa e simboliza o controle externo exercido no seu âmbito, o farol indica que o melhor caminho a ser trilhado deve se inspirar na figura do "Homem Vitruviano", de Da Vinci.

Valendo-se, ademais, da nossa histórica e natural cumplicidade, sugiro que não olvide a necessária reflexão sobre o seu modelo de composição. Bastante razoável e deveras aprimorado, se comparado aos que vigoravam anteriormente, foi sob sua égide, sejamos justos, que ocorreram os marcantes avanços registrados nos últimos 28 anos. Mas é forçoso reconhecer que uma única indicação de membro que não esteja em perfeita sintonia com os requisitos da idoneidade moral e da reputação ilibada, por exemplo, costuma ter o condão de mitigar a confiança em todas as instituições que formam o sistema. Além de pugnar pela fiel observância dos requisitos para os cargos, ninguém mais legitimado do que você próprio para estimular um debate transparente e maduro sobre a possibilidade de aprimoramento do modelo.

Finalizo essa reflexão reiterando minha confiança e profissão de fé em você, Tribunal de Contas. Continue trabalhando com equilíbrio e firmeza, procurando ser exemplo de transparência e de boa governança, atuando em rede e em parcerias estratégicas com todos os órgãos de controle e estreitando cada vez mais a sua amizade com a democracia e com a cidadania.

A FICHA QUE NÃO PODE CAIR*

Agosto de 2016, *Blog* do Fausto Macedo, *Estadão*

O termo *accountability*, atributo da boa governança no setor público, está associado à qualidade da democracia, da gestão, e da transparência, bem como à efetividade dos controles institucionais e social, que, em síntese, buscam prevenir irregularidades e também assegurar a responsabilização dos agentes que se desviaram da rota republicana.

A recente decisão do STF transferindo dos Tribunais de Contas às Câmaras de Vereadores a competência para julgar as contas de gestão de prefeitos é um passo atrás em nossa *accountability*, pois compromete, em grande medida, a efetividade do controle e o propósito fundamental da Lei da Ficha Limpa, que é o de melhorar a qualidade da gestão e da democracia.

E esse retrocesso ocorre justamente quando o cidadão clama por mais ética na política, pelo fim da impunidade e por uma administração que garanta a excelência na prestação dos serviços públicos, com destaque para a educação, a saúde e a segurança.

A Lei da Ficha Limpa, uma das poucas legislações de iniciativa popular, foi aprovada exatamente para concretizar esses desejos da sociedade. Para dirimir dúvidas, o diploma (alínea g do inciso I do artigo 1º) deixou claro que se o detentor de mandato eletivo (presidente, governador ou prefeito) praticar atos típicos de gestão (assinar empenhos, homologar licitações, firmar contratos e determinar pagamentos, etc.), ele será tratado de forma idêntica à dos demais ordenadores de despesa, ficando, como tal, sujeito ao julgamento pelos Tribunais de Contas, nos termos dos artigos 71, inciso II, e 75 da

Constituição. Neste caso, o julgamento do Tribunal não poderá sofrer interferência do Legislativo, como ocorre com qualquer agente que administre recursos públicos, sujeitando-se o mandatário, ainda, nos termos dos artigos 71, VIII, §3º, e 75 da Lei Maior, à aplicação de sanções e à imputação de débito, com eficácia de título executivo.

Assim, o Prefeito que decidir ordenar despesas é submetido a dois regimes de prestação e julgamento de contas. Além das contas de gestão, julgadas privativamente pelos Tribunais de Contas, como vimos, ele é responsável pelas chamadas contas de governo, cujo conteúdo, bem mais limitado, abrange os balanços e demonstrativos orçamentários e financeiros, a observância dos limites constitucionais em educação e saúde e os limites de pessoal e endividamento da LRF. É neste último caso (contas de governo) que a Câmara é competente para julgar, mediante parecer prévio do Tribunal de Contas, conforme prescreve a Constituição, nos artigos 31, 71, I, e 75.

Vale dizer que o próprio STF, ao analisar a Lei da Ficha Limpa em 2012, por meio das Ações Declaratórias 29 e 30, de iniciativa da OAB, considerou constitucional todo o conteúdo da referida "alínea g". Foi justamente essa decisão do STF que levou o TSE a mudar de posição, passando a considerar a rejeição das contas de gestão do prefeito pelos Tribunais de Contas como um dos critérios para gerar a inelegibilidade dos candidatos. Para se ter uma ideia da relevância desta hipótese de inelegibilidade, a impugnações decorrentes atingiram o expressivo percentual de 66% de todas aquelas ocorridas nas eleições municipais de 2012. Ademais, ainda que seja correto afirmar que todas as leis podem ser aprimoradas, em relação à da Ficha Limpa não se aponta nenhum caso em que a inelegibilidade declarada pela Justiça Eleitoral tenha caracterizado um absurdo ou injustiça.

E quais as consequências dessa nova inflexão já para as eleições de 2016? A primeira é que, conforme a Atricon (Associação dos Membros dos Tribunais de Contas), mais de cinco mil prefeitos e ex-prefeitos no país, que tiveram suas contas de gestão rejeitadas pelos Tribunais nos últimos oito anos, ficarão imunes ao benfazejo filtro da inelegibilidade da Lei da Ficha Limpa. Além disso, o mesmo levantamento aponta que mais de 4 bilhões de reais em multas e débitos imputados a eles correm sério risco de não retornarem aos cofres públicos. A segunda é que as contas de gestão, antes julgadas, tecnicamente e com a observância do devido processo legal, pelos Tribunais de Contas, órgãos integrados por servidores de reconhecida qualidade e compostos por membros dotados de direitos e garantias da magistratura – com a devida interveniência do Ministério Público de Contas –, agora passarão a sê-lo pelas Câmaras de Vereadores, que, histórica e sabidamente, por razões eminentemente políticas ou estruturais, negligenciam do exercício de sua função fiscalizadora.

A propósito da conveniência da participação dos Tribunais de Contas neste processo, vale ressaltar a confiança de que desfrutam junto à sociedade, conforme os dados da recente pesquisa CNI/Ibope, quando cerca de 90% dos entrevistados que conhecem sua atuação reconheceram a importância desses órgãos no combate à corrupção e à ineficiência. Decerto que o direito e sua interpretação não são estáticos e as decisões da Suprema Corte merecem o devido respeito, ainda que delas se possa discordar, como o fazemos neste caso concreto. Nada obstante, enquanto houver possibilidade de evolução jurisprudencial, envidaremos todos os esforços para sensibilizar o STF a restaurar a plenitude do entendimento, esposado em 2012, sobre a Lei da Ficha Limpa.

Entrementes, para se evitar a manifesta insegurança jurídica, cabe esclarecer todas as possíveis implicações da tese aprovada sobre as demais competências dos Tribunais de Contas, a exemplo da aplicação de multas, sustação de atos ilegais, determinação de ressarcimentos e julgamento de convênios, em relação a atos de gestão de Prefeitos. A propósito, não podemos esquecer que foi o mesmo STF quem fortaleceu, por meio de evolução jurisprudencial, os Tribunais de Contas em relação à competência para julgar contas de gestores de empresas estatais, como a Petrobras.

Esperançar por uma interpretação que confira máxima efetividade aos preceitos da Carta Magna é preciso, em nome da boa governança pública, da *accountability* e da democracia.

---

* Em coautoria com Marlon Reis, advogado eleitoralista e um dos redatores da minuta da Lei da Ficha Limpa

O QUE A SOCIEDADE PENSA
DOS TRIBUNAIS DE CONTAS?

Agosto de 2016, *Blog* do Fausto Macedo, *Estadão*

Muda-se o ser, muda-se a confiança;
Todo o mundo é composto de mudança,
Tomando sempre novas qualidades.
(Luís de Camões)

Vox populis, vox Dei! Essa máxima, embora desvirtuada algumas vezes no curso da história, ainda representa, no popular, consensos úteis e respeitáveis. Assim, as pesquisas de opinião sobre instituições, quando fundadas em critérios científicos e isentos, constituem fonte rica para avaliações e ações de aprimoramento da imagem (parecer) e da própria essência das organizações (ser). Na área pública, essa estratégia tem sido usada com frequência com essa finalidade, especialmente nos tempos de métricas e indicadores de desempenho, banhados pela modernidade dos *benchmarkings*.

Por conta disso, a Associação dos Membros dos Tribunais de Contas do Brasil (Atricon) interagiu com a CNI e o Ibope no sentido de desenvolver pesquisa nacional específica sobre o conhecimento e a imagem desses órgãos junto à sociedade.

Na pesquisa, aplicada no período de 24 a 27 de junho, foram ouvidos 2002 cidadãos. Os resultados revelam a aprovação geral dessas instituições, mas indicam pontos em que a sociedade reclama ajustes.

De início, merece destaque que apenas 17% da população sabe o que fazem os Tribunais de Contas. Embora não tão expressivo, esse número não destoa do conhecimento do cidadão em relação a outros órgãos e Poderes de mesma natureza, que, por atuarem na retaguarda das políticas públicas, tornam-se menos conhecidos. Os dados da pesquisa também revelam que esse conhecimento no estrato dos respondentes com grau de instrução superior alcança 43%, o que é animador, em vista do caráter de formador de opinião desse grupo.

Se tomarmos a opinião dos que conhecem os Tribunais de Contas, os resultados também ressaltam a enfática aprovação sobre a importância desses órgãos no combate à corrupção, tema em que 90% demonstrou concordância. Neste caso, os que concordam totalmente com essa percepção chega a 72% (18% concordam em parte), o que confere maior validade ainda a esse reconhecimento. Tal sentimento certamente é fruto das atribuições constitucionais de julgar as contas dos gestores, da fiscalização cada vez mais preventiva (cautelar) em licitações e contratos, do desenvolvimento de portais de transparência que estimulam o controle social e da atuação integrada e em rede com o controle interno, os ministérios públicos e a polícia federal. Ações que costumam resultar em responsabilizações no campo administrativo, eleitoral, político, penal e da improbidade. É curioso observar que mesmo na amostra integral, que inclui os que desconhecem as atribuições desses órgãos, tal percentual ainda atinge 79%, o que confirma que essa expectativa faz parte do imaginário da sociedade sobre a função dos Tribunais de Contas.

Quanto ao controle técnico exercido por essas instituições, seja no combate à ineficiência e ao mau uso dos recursos ou no aprimoramento da gestão, as opiniões são francamente favoráveis, com índices respectivos de 89, 80 e 82%. Ressalte-se que esses resultados são tanto mais significativos quando se leva em conta que esses números se referem àqueles que demonstraram conhecer esses entes de controle.

A pesquisa também revela que os Tribunais de Contas são tidos como órgãos mais técnicos do que políticos, na opinião de 62% dos respondentes desse mesmo estrato. No entanto, o modelo de indicação de seus membros é visto como um obstáculo ao bom funcionamento dessas instituições, para 75% dos entrevistados. Sob nossa ótica, essa percepção reflete, de certo modo, a crise do Estado e da representatividade política, que afeta, de forma geral, o juízo de valor da sociedade sobre as instituições públicas. Por mais avançados que já sejam os critérios constitucionais para a composição dos Tribunais de Contas (e, de fato, eles já o são), e por mais esforços que estejam sendo feitos com vistas ao seu efetivo cumprimento, a discussão sobre a possibilidade de aprimoramentos neste tema se impõe. No que respeita aos indicadores gerais do desempenho dos órgãos, a avaliação é bem repartida. Com efeito, apesar de uma parcela importante (33%) aprovar o desempenho dos Tribunais de Contas, as opiniões divergentes têm a mesma expressão numérica: 32% veem a atuação como regular e 30% mostram-se insatisfeitos. Considerando o atual contexto de crise ética e da forte cobrança do cidadão, e levando em conta que os Tribunais de Contas não dispõem de mecanismos de investigação e de punição de natureza policial ou judicial, como quebrar sigilos e determinar prisões de gestores públicos, por exemplo, o fato de 65% avaliarem o desempenho dessas instituições como 'ótimo, bom ou regular', representa, decerto, um bom resultado. Não obstante, a Atricon vem desenvolvendo ações voltadas ao aprimoramento do sistema, em busca de um desempenho ainda mais efetivo, com a implementação do Programa Qualidade e Agilidade dessas instituições, que já alcança 33 dos 34 Tribunais de Contas do Brasil.

Finalmente, os dados mostram que, no cômputo geral, as instituições têm um bom índice de aprovação, com a manifestação favorável à sua manutenção por 94% dos respondentes que as conhecem.

As mudanças, que tiveram grande inflexão a partir da Constituição "Cidadã" de 1988, e mais adiante com a LRF e com a lei da ficha limpa, certamente continuarão. A Atricon seguirá nesta senda, considerando o olhar do cidadão como farol para orientar o caminho a seguir no aprimoramento sistêmico e sustentável do desempenho dos Tribunais de Contas. Tudo isso com vistas a assegurar a máxima efetividade ao ordenamento jurídico que os disciplina, mas, ao mesmo tempo, vigilante, para lutar contra tentativas de enfraquecimento, e atuante nos debates sobre reformas estruturais que possam fortalecer ainda mais o controle externo brasileiro.

CARTA À LEI DE
RESPONSABILIDADE FISCAL

Maio de 2016, *Blog* do Fausto Macedo – *Estadão;*
e *Folha de Pernambuco*

Passados 16 anos de seu nascimento, que tal fazermos uma volta à origem? Um périplo equilibrado e transparente sobre aqueles resultados alcançados dentro das metas planejadas, sobre alguns dos seus pecados originais, agora mais perceptíveis, e, claro, sobre os desatinos fiscais de agentes públicos que podem comprometer o seu futuro?

Lembro que o seu parto não foi nada fácil. Naquele maio de 2000, a ideia de uma lei que aprimorasse a *accountability* nas contas públicas nacionais – a boa gestão fiscal, a transparência, a prestação de contas, a responsabilidade e os controles – ainda enfrentava forte resistência de natureza política e ideológica. "Medida neoliberal imposta pelos Yankees" foi um brado retumbante ouvido à época. O fato é que o desequilíbrio das finanças públicas, em todas as esferas federativas, era tão grande – com muitos estados e municípios endividados e gastando cem por cento da receita com despesas de pessoal – que, mesmo a fórceps, você acabou vindo ao mundo e já no primeiro grito-choro mandava sua primeira e fundamental mensagem: "Por favor, gestores, prudência, não gastem mais do que arrecadam".

Você não tardou a dar os primeiros e firmes passos. Aos poucos, todos falavam sobre a sua importância: nas universidades, na imprensa, nos Tribunais de Contas, nos demais órgãos de controle e, como esperado, entre os administradores públicos e no setor privado. Nos seus primeiros dez anos, graças ao vigoroso aumento das receitas, e menos em razão da desejada racionalização das despesas, os estados e municípios, aos poucos, passaram a se enquadrar em suas rédeas-limites. Malgrado uma certa dose de dissonâncias interpretativas, os Tribunais de Contas, como você mesma determinou, contribuíram fortemente para a consolidação da sua cultura de responsabilidade, ora agindo como professores, por meio das escolas de contas, ora como médicos, prescrevendo vacinas-alertas, ora como ouvidores, atentos aos reclames do cidadão, e também como juiz, quando puniam exemplarmente aqueles que praticavam *bullyings* fiscais sobre sua pessoa.

As chamadas contas de governo dos gestores públicos passaram a considerar a observância de seus regramentos e, com a ajuda de sua irmã siamesa, a lei da ficha limpa, as consequências para aqueles que deixaram de seguir seus princípios foi a impossibilidade legal de se candidatarem, isso mesmo, muitos ficaram inelegíveis. Um momento ímpar de seu prestígio se deu ainda agora, em 2015, quando o TCU recomendou ao Congresso a rejeição das contas presidenciais por descumprimento grave de suas balizas fiscais. No auge da discussão sobre o *impeachment* da Presidente da República, você é a figura mais discutida nos quatro cantos deste país e isso, certamente, será positivo para gerar efeitos multiplicadores nos estados e municípios e também para reforçar a importância do Direito Financeiro, do orçamento público, dos órgãos de controle, do princípio da responsabilidade fiscal e da participação cidadã para o aprimoramento da governança pública.

Mas havia – e ainda há – muitas pedras em sua *caminhadura*. Como toda criação humana, ainda mais nascida, como já lembrado, às pressas e num verdadeiro salseiro econômico-fiscal, você não é perfeita. Depois daquele primeiro grito claríssimo, você passou a se apresentar com um palavreado difícil e tratando a todos de maneira igual, ainda que seus interlocutores fossem desiguais pela própria natureza. A megacidade de São Paulo e a pequena São João do Rio do Peixe, no árido sertão paraibano, tratados por você da mesma forma? Demasiado cartesiano, não? A União que a gerou prometeu fundos e mundos para lhe ajudar no começo da vida, mas nunca se esforçou como devido para a criação do Conselho de Gestão Fiscal e para a capacitação dos servidores dos pequenos municípios, duas ações essenciais para a legítima representatividade federativa e para a sua própria sustentabilidade. Os seus pecados originais são importantes, sim, e merecem a reflexão de todos e a sua própria, no entanto nada justifica, a não ser o descaso com a república e o devaneio eleitoral, as agressões sofridas por você, especialmente nesta última quadra de nossa história.

Por exemplo: o desdém com as metas fiscais, amiúde alteradas no apagar das luzes com a pretensão de legalizar o ilegalizável, a utilização indevida de instituições financeiras públicas para saldar ilegalmente despesas do Tesouro, gerando desequilíbrio fiscal e descrédito interno e externo pela falta de confiança e de transparência nas contas nacionais, o descuido com a geração de novas despesas levando a um incremento gigante dos "restos a pagar" e com as despesas com pessoal, tudo isso é revelador de que a sociedade deve estar atenta a este momento e que você deve permanecer resiliente e altiva. Permita-se, porém, refletir serenamente sobre algumas novas posturas, ouvindo a todos com atenção e se inspirando, sempre que possível, nas duas máximas gregas: "conheça a si mesmo" e "nada em excesso". Elas serão importantes para você reconhecer seus poucos erros e calibrar necessários aprimoramentos. Fuja daqueles que a aconselham a radicalizar, mais uma vez cartesianamente, nos limites de gastos com pessoal. Por outro lado, não fique muito perto de outros que apregoam anistia geral e irrestrita dos Tribunais de Contas e da Justiça e clamam flexibilizações de entendimentos que a impeçam de chegar à sua maioridade de forma digna e respeitada. Avante e equilíbrio.

TRIBUNAL DE CONTAS
E *IMPEACHMENT*

Abril de 2016, *Blog* do Fausto Macedo – *Estadão,*
e *Diário de Pernambuco*

A rejeição das contas de um Presidente da República pelo
Tribunal de Contas é razão para o pedido de *impeachment*? Para deslindar essa questão é preciso conhecer melhor o papel desses órgãos, amiúde objeto de imprecisões.

A Constituição Federal de 1988 foi deveras generosa com os Tribunais de Contas, ao ampliar as suas competências e inserir, por exemplo, o controle da eficiência das políticas públicas ao lado da fiscalização da legalidade dos atos de gestão. E, posto que não os tenha expressamente denominado de Poder, mantendo-se fiel à clássica tripartição iluminista, conferiu-lhes todos os atributos para agirem como órgãos constitucionais independentes. Erram, portanto, aqueles que os enxergam como instituições subordinadas ao Legislativo.

Conforme expressa o artigo 71 da Constituição, essas competências incluem o julgamento das contas de gestão dos administradores e a emissão do Parecer Prévio sobre as contas de governo do Chefe do Executivo, cujo julgamento, neste caso, excepcionalmente, cabe ao Legislativo. As chamadas contas de governo têm por objeto aspectos mais gerais, como a observância das regras de Direito Financeiro atinentes às demonstrações contábeis, à responsabilidade fiscal, aos limites constitucionais de saúde e educação e à efetividade de políticas públicas. Esse exame é realizado por meio de um processo administrativo de contas que tem por base relatório elaborado por um corpo técnico independente, com opinativo do Ministério Público de Contas, sujeitando-se a todos os cânones do devido processo legal.

O Parecer Prévio, salvo um caso único na época Vargas, limitava-se a apontar ressalvas às contas de governo. Nada obstante, com o advento da LRF, o Parecer Prévio ganhou robustez em seu conteúdo, culminando, mais recentemente, com a recomendação do TCU ao Congresso pela rejeição das contas de 2014 da Presidente da República, fundamentalmente em razão da prática de atos equiparados a operações de crédito (empréstimos) vedadas pela lei, fato conhecido como "pedaladas fiscais" e da abertura de créditos orçamentários suplementares sem a observância das metas fiscais.

Atos atentatórios à lei orçamentária, à probidade na administração e à guarda e o legal emprego dos dinheiros públicos estão elencados, em tese, pela Constituição e pela Lei nº 1.079/50, como crimes de responsabilidade, que podem ensejar o *impeachment*. Ocorre que o juízo de valor neste caso possui peculiaridades imanentes à sua natureza também, e essencialmente, política, que não por acaso competem constitucionalmente ao Legislativo. Não cabe ao Tribunal de Contas qualquer participação formal no processo de *impeachment*, embora suas decisões, tenham elas caráter definitivo ou de recomendação, como o Parecer Prévio, possam lastrear, como em outros casos, ações próprias de outros Poderes e Órgãos. Isso ocorre, por exemplo, quando os Tribunais, amparados no poder-dever de representação, enviam suas decisões ao Ministério Público, que podem, a partir daí, ingressar na esfera judicial com ações de improbidade, penais e de inelegibilidade.

Respeitar as competências de todas as instâncias de responsabilização não diminui a importância do Parecer Prévio e o papel do Tribunal de Contas. A soberana decisão do Legislativo, a favor ou contra o *impeachment* da atual presidente, não terá o condão de mitigar o grande legado de todo esse contexto desafiador para o controle externo, a governança pública e para o país. Qualquer que seja o desfecho deste processo, as instituições sairão fortalecidas e o Parecer Prévio estará consolidado como um documento público fundamental para o exercício do controle político, pelo Parlamento, e do controle social. Também ganham nova dimensão jurídica e social o Direito Financeiro, o orçamento público e os princípios da responsabilidade fiscal. E os Tribunais de Contas, que avançaram muito neste período pós-redemocratização, mostram que são instituições essenciais ao Estado e devem continuar a trilha republicana do aprimoramento, a serviço da boa governança pública e do cidadão.

TECENDO FIOS REPUBLICANOS

Março de 2016, *Blog* do Fausto Macedo – *Estadão;*
e *Jornal do Comércio*

Um galo sozinho não tece uma manhã.
(João Cabral de Melo Neto)

A natureza da corrupção revelada em decibéis jamais vistos pela Lava Jato reforça uma convicção que tenho reiterado como presidente da Associação dos Membros dos Tribunais de Contas do Brasil (Atricon): corrupção sistêmica só se combate efetivamente a partir de um controle sistêmico.

A despeito de cada instituição de controle ter o dever de buscar o aprimoramento contínuo, o combate aos desperdícios e à corrupção não será efetivo e sustentável se não houver uma atuação organizada e colaborativa entre os órgãos de controle público: controle interno, procuradoria, órgão tributário, polícia, tribunal de contas, ministério público, legislativo e judiciário. Frente aos manifestos cardumes de predadores da república, anzóis haverão de dar lugar às redes. A efetividade, neste caso, rima com atuação integrada consubstanciada por uma teia protetora do dinheiro público, produzida a partir de um consistente entrelaçar de fios e tecida com matérias-primas como controles independentes, legislação que agilize uma exemplar responsabilização dos malfeitores, liberdade de imprensa, transparência dos atos de gestão e participação os cidadãos no controle social, associada a um modelo de exercício da política que iniba a influência do poder econômico. Para tanto, nesta sonhada rede-teia, a educação constitui o fio-mor.

Fazendo uma metáfora com a mitologia, é forçoso reconhecer que para ferir de morte o monstro da corrupção e sairmos imunes do labirinto da ignorância, da falta de ética e da ineficiência, a educação consiste no "fio de ouro de Ariadne", que tem o poder de fortalecer e alargar todos os demais fios e de nos apontar o caminho da redenção cidadã.

Os Tribunais de Contas, instituições consagradas pela Constituição Federal como essenciais à república, à democracia e à boa governança pública, não é de hoje, envidam ações com vistas a honrar o seu papel na rede de controle. Para dinamizar tais iniciativas, e contribuir para tornar esse compromisso constitucional uma realidade em todos os Tribunais, a Atricon desenvolveu e coordena em todo o país uma ousada iniciativa de aprimoramento desses órgãos, o Programa Qualidade e Agilidade dos Tribunais de Contas (QATC), composto pelas Resoluções-Diretrizes da Atricon e pelo MMD-TC (Marco de Medição de Desempenho dos Tribunais). O MMD-TC constitui a mais moderna e adequada ferramenta de avaliação para os Tribunais de Contas, haja vista ser constituída por indicadores de desempenho recomendados mundialmente e por outros extraídos das Resoluções-Diretrizes, o que permite um diagnóstico de padrão internacional em sintonia com as singularidades do nosso modelo de controle. São mais de 500 critérios de boas práticas abrangendo áreas como auditoria, julgamento, composição, comunicação, planejamento, gestão e transparência. O diagnóstico realizado em 2015 alcançou a expressiva adesão de 33 dos 34 Tribunais de Contas do Brasil, em uma inequívoca demonstração do comprometimento dessas entidades e dos seus membros e servidores com as responsabilidades constitucionais que lhes competem.

Navegar em busca do contínuo aprimoramento institucional é "preciso", nas duas conhecidas acepções da palavra. "Preciso", significando seguro, porque os resultados da aplicação do MMD-TC já indicam o que deve ser mantido, aperfeiçoado e almejado. Mas é "preciso", ainda, no sentido de necessidade, porquanto a sociedade clama para que os órgãos de controle prestem serviços de excelência, primando pela eficiência das políticas públicas e prevenindo e combatendo a corrupção.

Que estejamos à altura desse momento histórico, munidos da determinação e equilíbrio suficientes para continuarmos combatendo o bom combate contra os que negam os princípios da eficiência e da probidade e tecermos, a múltiplas mãos, os fios fundamentais da república a cada amanhecer!

TOME CONTA!

Outubro de 2016, *Diário de Pernambuco*

Você, cidadão, desejaria ter acesso a informações fundamentais sobre a administração pública estadual e de todos os municípios de Pernambuco, no âmbito de cada Poder e das administrações diretas e indiretas? Informações e dados sobre a arrecadação de tributos ao longo do ano, discriminados em impostos, taxas e contribuições? O valor das transferências recebidas – as obrigatórias, como os Fundos de Participação (FPE e FPM), e as voluntárias, como os convênios?

E as despesas públicas? Gostaria de saber, em pormenor, cada tostão aplicado em saúde, educação, pessoal, obras públicas e custeio da máquina em geral? Saber qual o dia em que cada despesa foi empenhada, liquidada e paga? Saber quais as empresas que participaram das licitações e quais as vencedoras? Ter acesso detalhado a dados de cada empresa fornecedora e saber todos os vínculos contratuais que elas mantêm com o Estado e com os Municípios? E mais: saber se a empresa fez (e a quem fez) doação nas últimas eleições? Saber dados da gestão e dos fornecedores do próprio TCE-PE?

Você gostaria também de saber detalhes sobre o quadro de servidores do Estado e do seu Município? Quantidade e nome dos servidores efetivos, concursados, comissionados, contratados por prazo determinado e à disposição, e cada um de seus vínculos com entidades públicas? Decerto que informações e dados sobre os aspectos orçamentários, financeiros e organizacionais da gestão são, por si só, relevantes. Mas, e a efetividade dos gastos? E os seus impactos na sua qualidade de vida? Você desejaria ter acesso aos principais indicadores da efetividade das políticas públicas em educação e saúde, a exemplo do IDEB, fracasso escolar (reprovação e abandono), taxa de mortalidade infantil e quantidade de médicos por habitante? Saber também como o Tribunal apreciou as contas dos governantes no passado e como foi o julgamento pela Câmara de Vereadores?

Pois essas informações, e muitas outras, apresentadas por meio de um sistema de fácil navegabilidade e de forma direta, simples e didática, usando tabelas, gráficos e também grande parte delas por meio da plataforma de dados abertos, já se encontram ao seu alcance, num só lugar e a apenas um clique. Estudantes, profissionais liberais, empresários, servidores públicos, jornalistas, especialistas em gestão e controle, associações, conselhos e organizações não governamentais, por exemplo, terão acesso a tudo isso por meio do novo Portal do TCE denominado "Tome Conta": <www.tce.pe.gov.br/tomeconta>.

O TCE-PE, ao longo dos últimos anos, inspirado nos princípios republicano e democrático, nas Leis de Responsabilidade Fiscal e de Acesso à Informação, já vinha adotando ações visando a conferir mais efetividade à transparência da gestão e a estimular o controle social. A partir do "Tome Conta" esse objetivo estratégico se consolida e, ao lado das demais ações de fiscalização, prevenção, do processo eletrônico e da contínua orientação aos gestores públicos, o Tribunal, cada vez mais, passa a ser reconhecido como uma instituição a serviço do cidadão.

Numa quadra histórica, desafiadora para o nosso país, em que as instituições de controle precisam ser úteis e cumprir sua missão constitucional e em que a ética, a transparência e a eficiência são valores clamados e fundamentais para a boa governança pública, é dever do cidadão estar atento e bem informado, ser participativo e continuar esperançando. Tome Conta: está em suas mãos!

O TCE-BA, A ÁGUIA E O CONDOR

Agosto de 2015, site da Atricon

O que é que a Bahia tem? A Bahia tem Jorge, amado pelo Brasil; tem Caymmi, João Gilberto, Bethânia, Caetano e Gil, cantando nosso país. A Bahia tem um Tribunal de Contas exemplo para o mundo. Um dos primeiros, senão o primeiro, a transformar em realidade o controle dos resultados das políticas públicas. Uma instituição que vislumbrou precocemente que o orçamento público, desacompanhado de transformação social e de efetiva mudança na qualidade da vida das pessoas, é pura ficção.

Um Tribunal com história e que, além da proteção de todos os Santos e da fé inabalável dos bons baianos, tem – e teve ao longo de sua vida – um corpo de servidores e Conselheiros que honram sua tradição. O atual Presidente, Inaldo, além de exímio professor, escritor, poeta e detentor de uma exemplar trajetória profissional, tem verdadeira paixão pelo controle, a transparência das contas e o seu papel cidadão. Ele é fruto dessa frondosa e centenária árvore institucional.

Mas nada acontece por acaso. A Bahia teve a Conjuração e o Tropicalismo. A Bahia tem o patrono-mor dos Tribunais de Contas: Rui Barbosa. O "Águia de Haia", aquele bom conselheiro da sagrada "Oração aos Moços", sempre atual, que, lá do Céu, está orgulhoso com os atributos dos Tribunais do seu querido torrão: o TCE e o TCM-BA.

Rui festeja este centenário. Ele festeja um seminário internacional de tamanha magnitude e com renomados oradores daqui e d'além-mar. Ele saúda a evolução que tiveram os Tribunais de Contas do Brasil, instituições cada vez mais úteis à sociedade e à boa governança pública.

Com o mesmo entusiasmo, ele se regozija com os temas que aqui serão tratados e por saber que a autocrítica benfazeja e o aprimoramento institucional contínuo passaram a ser a marca do bom combate travado pelas entidades do sistema e pela esmagadora maioria dos seus integrantes, servidores e membros. Como bom baiano, fica feliz em ver que as premissas de um futuro ainda mais promissor para os Tribunais de Contas serão debatidos em seu Estado, que, também não é por acaso, é aquele de maior fronteira interna e de maior costa oceânica. Com a licença do nosso Pernambuco, não é de hoje que "a Bahia, por meio de seu Tribunal, também está falando para o Brasil e para o mundo".

O TCE da Bahia tem cidadania. Como disse o poeta, "É povo ao poder". Aqui, a "Águia" de Rui se une, em plena praça, ao "Condor" de Castro Alves", para voarem, ao som da "alvorada do bem", rumo a um futuro cada vez mais alvissareiro para os Tribunais de Contas e para o nosso País.

Salve TCE-BA! Salve a Bahia! Salve os Tribunais de Contas! Salve o Brasil!

OS 15 ANOS DA
LEI DE RESPONSABILIDADE FISCAL

Maio de 2015, *Blog* do Fausto Macedo – *Estadão*

Neste 4 de maio de 2015, a Lei Complementar Federal nº 101/2000, conhecida como Lei de Responsabilidade Fiscal ou simplesmente LRF, completou 15 anos. Embora devamos comemorar a consolidação de uma nova cultura de responsabilidade fiscal por grande parte dos nossos gestores, o momento também é propício para reflexões sobre o futuro desse diploma.

Antes, porém, cabe uma viagem ao final dos anos 90. Ainda que o Plano Real tivesse estabilizado a moeda, a realidade do setor público nacional, em especial da maioria dos Estados e Municípios brasileiros, era de completo desequilíbrio fiscal. Com o fim do "imposto inflacionário", que mascarava as contas públicas, veio o choque de realidade. Eis o quadro: descontrole da despesa com pessoal, que, em muitos casos, atingia a quase totalidade da receita; concessão de renúncias fiscais sem comprovação do benefício econômico; endividamento além da capacidade de pagamento; planejamento orçamentário precário e falta de transparência da gestão.

A LRF surge para por ordem neste quadro. Os novos mantras para o gestor público passaram a ser: 1. você não pode gastar mais do que arrecada; 2. planeje muito bem seus gastos, com atenção especial para a despesa com pessoal e para aquelas contraídas ao fim do seu mandato; 3. não dê um passo além das pernas quando for tomar empréstimos e 4. preste contas de suas ações com clareza e transparência, tanto para os órgãos de controle quanto para a sociedade.

O fato é que para a surpresa de muitos, acostumados a ver em nosso país tantas leis que não saem do papel, ou, no popular, "não pegam", a LRF, logo nos primeiros anos, atinge boa parte de seus objetivos, notadamente em relação à observância dos limites da despesa com pessoal, o que permitiu uma descompressão da receita líquida e propiciou maior capacidade de investimento público. O regulamento marca avanços também no controle de gastos em fins de gestão e em relação ao novo papel que as leis de diretrizes orçamentárias passaram a desempenhar. O desconto que pode ser dado neste ponto é que o equilíbrio deveu-se mais ao aumento nas receitas do que à racionalização das despesas.

Os Tribunais de Contas do Brasil contribuíram também para os resultados positivos da LRF ao longo desses quinze anos. Mesmo diante da autonomia interpretativa dos dispositivos da lei – nem sempre claros, vale dizer –, pode-se concluir que houve razoável harmonização de conceitos entre os 34 Tribunais de Contas. Celeuma maior ocorreu em relação à contabilização do gasto com inativos e do imposto de renda dos servidores no cálculo da despesa com pessoal. Para o bem da lei, a maioria dos Tribunais de Contas não se inclinou pela flexibilização, posicionando-se, inversamente, por um entendimento mais austero e restritivo. Vale registrar ainda que a contribuição dos Tribunais de Contas para a efetividade da LRF não se esgota neste aspecto. Com efeito, além da prevenção realizada por meio dos alertas de responsabilização, a verificação de irregularidades graves no cumprimento da LRF passou a motivar a rejeição das contas dos gestores, o que, a partir de Lei da Ficha Limpa, vem causando a inelegibilidade de muitos deles, segundo firme jurisprudência da Justiça Eleitoral.

Não obstante todos os avanços, o momento exige cautela e reflexões. Como toda debutante, a LRF passa por alguns importantes conflitos existenciais. É quase consenso, no meio acadêmico e entre os órgãos de controle, a necessidade de seu aperfeiçoamento em alguns pontos. Repensar a calibragem dos limites de pessoal, por exemplo, considerando a diversidade federativa dos nossos entes e os dados financeiros de todo esse período de apuração, é razoável. Reforçar as regras de endividamento com vistas a banir, com mais rigor ainda, novas tentativas de "pedaladas fiscais", além de vedar mutações legislativas em metas fiscais no curso da própria execução orçamentária são também aprimoramentos necessários contra esses típicos "arroubos da adolescência".

Há que se ponderar, contudo, sobre o melhor (ou o menos ruim) momento para os necessários ajustes normativos. A queda do crescimento econômico gera diminuição da arrecadação e, naturalmente, provoca uma nova onda de pressão sobre os gastos correntes, incluindo despesas com pessoal. Realizar mudanças permanentes na lei por conta de circunstâncias excepcionais e episódicas não parece recomendar o bom senso. Além da crise econômica, o Brasil vive uma grave crise de natureza política, que ocasiona forte tensão institucional entre o Congresso Nacional e o Governo Federal. Conjugando todos esses fatores, é forçoso concluir que, neste contexto de crise, o risco legislativo é de que "a emenda possa sair pior do que o soneto". Por ora, parece ser mais equilibrado e responsável envidar esforços para conferir eficácia plena aos seus dispositivos, cuidando para garantir voos mais firmes e sustentáveis ao precioso "pássaro" que já está em nossas mãos.

APRIMORAMENTO
DOS TRIBUNAIS DE CONTAS

Maio de 2015, *Correio Braziliense* e *Diário de Pernambuco*

Nascidos no alvorecer da República, os Tribunais de Contas ainda tiveram, por longa data, sua atuação contida pelo renitente espírito monárquico e pelo ambiente autoritário que marcaram a maior parte do século passado. Em rigor, os ideais preconizados por Rui Barbosa, patrono dos Tribunais, só começariam a florescer com a redemocratização e a Constituição de 1988, oportunidade em que os Tribunais de Contas assumiram novas atribuições, fiscalizando não só a legalidade das despesas mas também avaliando a efetividade social das políticas públicas. Tendo suas atribuições fixadas a partir de um arcabouço constitucional de aplicação obrigatória para todos os Tribunais, a fim de melhor desempenhar as suas funções surgiu a necessidade de se estabelecerem padrões de qualidade de atuação, que, resguardada a sagrada autonomia federativa, exigiram que eles trilhassem uma estrutura sistêmica.

Ao longo dessa caminhada, surgiu a Associação dos Membros dos Tribunais de Contas do Brasil (ATRICON, 1992), de início voltada a uma atuação corporativa em defesa dos seus associados, mas, aos poucos, assumindo o papel de liderar ações com vistas ao fortalecimento do "Sistema Tribunais de Contas".

Como ápice desse novo enfoque, a entidade, com o apoio de outras instituições parceiras e dos próprios Tribunais, realizou o primeiro grande diagnóstico do desempenho dessas Instituições em 2013, abrigado em um ousado projeto que visava promover a qualidade e agilidade de todos os Tribunais de Contas. Iniciativa relevante, na medida em que estruturou e ampliou as bases para um aprimoramento institucional sem a necessidade de qualquer alteração constitucional. O processo contou naquela ocasião com a adesão de 28 dos 34 Tribunais de Contas, que espontaneamente abriram suas portas para um processo avaliativo inédito.

Dado o seu retumbante êxito, em 2014 o processo foi ampliado, transformando-se no Programa de Qualidade e Agilidade dos Tribunais de Contas (QATC), do qual passaram a fazer parte as Resoluções-Diretrizes da Atricon e o Marco de Medição do Desempenho dos Tribunais de Contas do Brasil (MMD-TC).

O MMD-TC constitui-se em uma versão aprimorada do diagnóstico anterior, tendo como referência metodológica o SAI-PMF, ferramenta desenvolvida pela Associação Internacional das Entidades Fiscalizadoras Superiores, vinculada à ONU (Intosai). Trata-se de levantamento de padrão internacional, mas totalmente adaptado à realidade dos Tribunais de Contas brasileiros, o que lhe confere utilidade prática compatível com o nosso sistema de Controle Externo. Esse diagnóstico é composto de 27 indicadores, subdivididos em mais de 500 critérios de avaliação referentes a boas práticas de organização e funcionamento dessas Instituições, compreendendo uma completa radiografia de todas as suas áreas, a exemplo de: observância do modelo de composição constitucional, prazos para julgamento de processos, controle preventivo dos atos de gestão, normas de auditoria governamental, planejamento estratégico, comunicação e transparência, atuação de corregedorias e ouvidorias e controle interno.

A despeito de se continuar travando o bom e democrático debate sobre possíveis aprimoramentos constitucionais, a exemplo da necessidade da criação de um Conselho Nacional para os Tribunais de Contas, é forçoso reconhecer os avanços alcançados até aqui e o horizonte alvissareiro de excelência institucional que já se descortina de forma sistêmica com a aplicação e os resultados do MMD-TC. O que se pretende, afinal, é que deixemos para um passado longínquo todos os resquícios de "Cortes aparatosas", como alertara Rui Barbosa, e passemos a ser, cada vez mais, Tribunais republicanos, exemplos de transparência e atuando a serviço da boa governança pública, da ética e, sempre, ao lado do cidadão.

ESPERANÇAR É PRECISO!

Março de 2015, *Blog* do Fausto Macedo – *Estadão;*
e *Folha de Pernambuco*

Os últimos escândalos da República, especialmente este último que envolve a Petrobras, não nos permitem esquecer que os germes da corrupção e do patrimonialismo ainda teimam em corroer o erário nacional. A percepção de que as ações ilícitas ainda estão bem presentes em muitos setores da sociedade contribui, naturalmente, para gerar um sentimento de incredulidade e desconfiança do cidadão como futuro do país. De outra senda, por mais paradoxal que pareça, já diziam os sábios da antiguidade que as crises trazem imanentes as sementes das mudanças que permitirão a superação das suas mazelas e o atingimento de um ciclo de novos valores. Sem qualquer intenção de dourar a pílula sobre o atual contexto ou de querer isentar os responsáveis por esse verdadeiro assalto sistêmico aos cofres públicos, há sinais perceptíveis de que, a despeito de casos estarrecedores como esse, devemos esperançar dias melhores.

Aqueles que analisam a realidade de maneira mais equilibrada e olham racionalmente para o retrovisor do passado haverão de concluir que o primeiro grande sinal de esperança é a certeza de que a sociedade está mais esclarecida em relação ao papel dos governos e aos direitos e deveres que tocam aos cidadãos. Tudo isso em razão do maior acesso à informação, favorecido pelo fenômeno das mídias sociais, pelo contexto de liberdade de imprensa e também por haver mais transparência nas contas públicas.

Além disso, mesmo diante da necessidade de aprimoramentos, é inquestionável o avanço da atuação dos órgãos públicos de controle, a exemplo do Ministério Público, da Polícia Federal, dos Tribunais de Contas e do Poder Judiciário. É forçoso reconhecer que após a grande inflexão propiciada pela redemocratização do país, essas instituições vêm dando mostras de que, mediante uma atuação integrada, técnica e harmônica, respeitando-se o papel e as competências específicas de cada uma e sem caírem nas armadilhas dos egos corporativos ou na falsa ilusão de heroísmos circunstanciais – é possível que os atos de corrupção sejam desvendados com mais efetividade, permitindo a responsabilização dos culpados e mitigando a sensação de impunidade. A propósito, é emblemática, neste último episódio, a confirmação de que a corrupção não é "privilégio" de agentes públicos, haja vista a participação ativa de segmentos poderosos da iniciativa privada na sua execução.

Todos concordamos que a educação é, de fato, a grande vacina para se combater a corrupção. Em curto e médio prazos, porém, é a democracia que nos pode fornecer o melhor antídoto. Assim, uma reforma política que racionalize os processos eleitorais e diminua a influência do poder econômico nas eleições é fundamental. Em rigor, a corrupção eleitoral vem sendo o estopim de quase todas as nossas crises. O atual modelo de financiamento de campanhas políticas acaba, amiúde, levando ao enriquecimento ilícito de grupos e pessoas e a contrapartidas ilegais, sob a forma de privilégios indevidos, em licitações e contratos, e de subsídios antieconômicos. Essa reforma, a mais urgente no momento, deveria se constituir na grande bandeira dos movimentos sociais e do Congresso Nacional, que deveriam investir suas energias, complementarmente, em ações voltadas ao fortalecimento dos mecanismos de transparência da gestão pública e das instituições de controle.

Para demonstrar a capacidade de renovação do capitalismo, o economista austríaco Joseph Schumpeter forjou o conceito de "Destruição Criadora", que, guardadas as medidas, pode ser aplicado à nossa atual conjuntura. Esse fundo do poço ético – aumentado pelo descontrole econômico e fiscal e pelo déficit de governança pública em todas as esferas – pode ser o grande lumiar de um novo contrato social a ser firmado entre o poder público, a iniciativa privada e a sociedade.

Democracia, liberdade e instituições maduras são as principais garantias para a superação da grave crise que ora nos aflige. Culpar a democracia e disseminar o ódio à política é um erro que não temos o direito de cometer. Esperançar – a luz que emana de ações cidadãs construtivas – é preciso. Não é hora de berço esplêndido nem tampouco de arroubos ingênuos que nos levem a trilhar veredas antidemocráticas. Ao contrário, é momento de aprofundarmos a democracia e resgatarmos aquilo que se encontra lá no fundo da Caixa de Pandora.

SIMPLÍCIO E OS TRIBUNAIS DE CONTAS

Setembro de 2014, *Blog* do Fausto Macedo – *Estadão;*
Correio Braziliense e *Folha de Pernambuco*

Passadas pouco mais de duas décadas da redemocratização,
pode-se dizer que existe alguma instituição pública brasileira imune
a aperfeiçoamentos?

Com efeito, não há exceção. Todas as instituições públicas devem ser aprimoradas continuamente para servir melhor ao cidadão.
Já diziam os antigos que a única coisa que não muda é a mudança.
Vivemos em permanente estado de devir. Nada obstante, afirmo que há
muita incompreensão, desconhecimento e até mesmo miopia ensaiada
sobre o papel e a atuação dos Tribunais de Contas brasileiros. Não é
raro sofrerem pedradas do mesmo quilate daquelas desferidas contra
a famosa Geni.

Uma personagem da nossa literatura nos ajudará a refletir melhor sobre a realidade e os desafios dos Tribunais de Contas. No seu
clássico *A Luneta Mágica*, Joaquim Manoel de Macedo nos presenteou
com Simplício, um sujeito que, para compreender a essência da natureza humana, precisou valer-se do uso sucessivo de três tipos de lentes-
luneta. A primeira permitia-lhe enxergar exclusivamente os defeitos das
pessoas e a segunda, apenas as suas qualidades. Trazendo Simplício
para o nosso tema, como ele veria os Tribunais de Contas sob a ótica
de suas mágicas lunetas?

Com o olhar da primeira, enxerga, de pronto, as assimetrias existentes na atuação dos 34 Tribunais de Contas do Brasil. Não consegue
ver um sistema de controle externo nacional integrado e dotado de
regras processuais uniformes. Vê, por exemplo, que alguns Tribunais,

passados 26 anos da vigência da atual Constituição, ainda não adotaram plenamente o modelo de composição nela previsto, especialmente em relação à reserva de vagas para Auditores (membros-substitutos) e Procuradores do Ministério Público de Contas. Com surpresa, constata que os critérios constitucionais exigidos para ingresso nos cargos do colegiado, a exemplo dos notórios conhecimentos e da idoneidade moral, são, por vezes, ignorados na hora das indicações. Quedou-se numa penumbra cinzenta, quando anotou que alguns de seus membros respondem a processos criminais por questões éticas.

Lunetas trocadas e eis que se descortina uma outra realidade. Nela, Simplício enxerga Tribunais de Contas dotados de um dos melhores quadros de servidores da administração pública brasileira. Depara-se com Tribunais utilizando procedimentos de auditorias de padrão internacional, usando ferramentas modernas de gestão e de tecnologia da informação. Tribunais trabalhando de forma integrada e estratégica com os demais órgãos de controle, tecendo uma consistente teia republicana inibidora da corrupção. Vê que uma das ações mais efetivas dos Tribunais de Contas é a fiscalização preventiva, aquela que corrige os erros da gestão já na origem e que vem gerando economia de bilhões para os cofres públicos.

Quando vê o resultado dos julgamentos de contas dos gestores, conclui que, além das sanções aplicadas nos casos graves, o veredito dos Tribunais ajuda a melhorar a qualidade da democracia e a própria gestão, pois, a partir da lei da ficha limpa, a rejeição de contas passou a ser a causa mais efetiva para se declarar um gestor inelegível. Ao observar a fiscalização-diagnóstico sobre os resultados e a qualidade das políticas públicas em áreas sociais como saúde e educação, pareceu-lhe patente a efetividade do controle operacional da gestão. Simplício vê ainda Tribunais de Contas cuja composição respeita fielmente o modelo constitucional e que seus membros – independentemente da origem – atuam com autonomia, ética e proficiência para o bem do controle. Não foi raro encontrar, entre esses órgãos, aqueles que atuam sob a batuta de um planejamento estratégico e que primam para serem exemplos de austeridade e transparência.

Encantou-se com o seu papel educador, auxiliando os administradores públicos bem-intencionados a resolver os grandes desafios de uma governança proba e eficiente. Emocionou-se ao ver Tribunais de Contas dedicados a estimular o controle social, por meio de ouvidorias, portais de transparência e redes sociais e mediante parcerias efetivas com a sociedade civil, com as entidades de educação e com os meios de comunicação.

Enfim, Simplício põe a terceira luneta, cuja lente é sinônimo de bom senso e justiça. Por meio dela, verifica que, de fato, os Tribunais apresentam problemas históricos que precisam ser enfrentados com equilíbrio, autocrítica e coragem. Restou claro, contudo, que esses órgãos ainda são pouco compreendidos pelo cidadão comum e que quando a crítica ultrapassa o razoável, na trilha da desconstrução institucional, elas estão, na verdade, a serviço de estratagemas de setores que não querem ser fiscalizados. Daqueles que reagem justamente em razão dos avanços do controle.

Conclui que os Tribunais de Contas acabam herdando – amiúde e injustamente – uma crise de imagem que é reflexo da própria crise do Estado e da democracia representativa. Talvez, em razão disso, enxerga um claro paradoxo quando ouve de muitos agentes públicos a assertiva de que os Tribunais agem com rigor até extremado, enquanto outros segmentos sociais, em linha oposta, afirmam que as punições que aplica poderiam ser mais contundentes. Nos últimos tempos, testemunhou uma discussão inédita e fundamental, entre os próprios membros e servidores, sobre a necessidade premente da criação de um Conselho Nacional para os Tribunais de Contas, como já existe para o Judiciário, e um debate transparente sobre possíveis aprimoramentos constitucionais na forma de escolha de ministros e conselheiros que os compõem.

Com a certeza de um realista esperançoso, concluiu que a maioria de seus membros, servidores e entidades representativas, a exemplo da Atricon (Associação dos Membros dos Tribunais de Contas), trabalham com esmero para que essas instituições sejam melhor compreendidas, cumpram a sua missão constitucional de guardião da República e da democracia e conquistem definitivamente a confiança do cidadão brasileiro.

ATRICON NO CAMINHO CERTO!

Novembro de 2013, site da Atricon

Se estiveres no caminho certo, avança; se estiveres no errado, recua.
(Lao-Tsé)

A Atricon vive um dos momentos mais significativos de sua vida institucional e, não por coincidência, exatamente na quadra histórica em que completa sua maioridade. A eleição para a nova Diretoria que acontecerá no XXVII Congresso de Vitória/ES é um dos principais legados da atual gestão e uma prova de amadurecimento institucional. Esse processo eleitoral consolida um ambiente democrático transparente, plural e dialético, especialmente a partir da pioneira aprovação de regras eleitorais igualitárias, de modo a propiciar legitimamente a qualquer associado o direito de concorrer à sua Diretoria.

Os consensos, especialmente aqueles que não estão alicerçados em profunda identidade de propósitos, nem sempre são as melhores soluções. Com o tempo, dissonâncias fundamentais, antes acobertadas por uma pseudounidade acabam aflorando, gerando verdadeiras entropias institucionais, que podem, estas sim, levar a retrocessos imensuráveis. A possibilidade de um debate de conteúdos que leve em conta as ações pretéritas da Entidade e dos candidatos, como também os compromissos firmados com o futuro, tudo isso num ambiente de respeito e imune às idiossincrasias e divergências pessoais, deve ser motivo de comemoração para todos nós que pertencemos à Atricon e aos Tribunais de Contas.

É com essa firme convicção que apresento formalmente aos caríssimos colegas Conselheiros e Substitutos, para a devida reflexão e avaliação racional e democrática, a minha candidatura à Presidência da Entidade, para o período 2014-2015, e a relação de todos os integrantes da Chapa "ATRICON NO CAMINHO CERTO", composta por associados de origem plural, dotados de experiências e conhecimentos multidisciplinares e reconhecidos pela efetiva participação e compromisso com a causa do Controle Externo e com os rumos delineados em nosso Plano Estratégico, aprovado democraticamente na histórica e profícua gestão do Conselheiro Antônio Joaquim.

Por fim, ao tempo em que registro meu profundo respeito por todos os integrantes da Chapa concorrente, liderada, legitimamente, pelo prezado Conselheiro Júlio Pinheiro, ratifico os meus compromissos já externados na Carta: "Candidatura e reflexões sobre a Atricon", publicada no *site* da Entidade, em 02/10/2013. Não tenho dúvidas de que o combustível democrático que nos move neste momento histórico, aliado aos fortes ventos republicanos que sopram em todos os rincões de nosso grande País – exigindo instituições que ajudem a melhorar a qualidade da gestão, equilibrando crescimento econômico e sustentabilidade ambiental, a estancar a corrupção e a melhorar a vida do cidadão –, revelam o CAMINHO CERTO, que deve continuar sendo trilhado por nós.

Por esse caminho continuaremos avançando e percorrendo com tenacidade as seguintes estações: – Consolidação do Sistema Tribunais de Contas! – Valorização dos seus membros, de suas prerrogativas e do diálogo interno! – Legitimação social dos Tribunais de Contas! – Diálogo e parcerias com todas as entidades e instituições sobre temas relacionados ao controle e à gestão pública! – Harmonia total com o Instituto Rui Barbosa – IRB! Mais uma vez, recebam meu fraterno abraço, Até Vitória!

CANDIDATURA E REFLEXÕES SOBRE A ATRICON

Novembro de 2013, site da Atricon

Um barco está seguro no porto, mas não é para ficar no porto que barcos são feitos.

(William Shed)

Prezados Colegas,

Escrevo-lhes com o propósito de externar algumas reflexões sobre o futuro de nossa importante Associação dos Membros dos Tribunais de Contas do Brasil (Atricon) e sobre a minha candidatura à Presidência da entidade, para o biênio 2014-2015.

Mesmo depois de 22 anos no exercício de atribuições relacionadas a Tribunais de Contas – como Auditor de Contas, Auditor (Conselheiro Substituto), Conselheiro (Ouvidor, Corregedor, Diretor de Escola de Contas...), Presidente do Colégio de Corregedores e Ouvidores dos Tribunais de Contas (CCOR), Vice-Presidente do Instituto Rui Barbosa (IRB) e Vice-Presidente da Atricon – e de sempre ter sido um entusiasta da republicana instituição Tribunal de Contas, seja no exercício das referidas funções, seja por meio dos livros escritos, dos artigos publicados ou das palestras proferidas ao longo dessas duas décadas, admito que fiquei extremamente lisonjeado e, até certo ponto, surpreso, quando, há aproximadamente três meses, fui sondado por um grupo de colegas, especialmente pelo eminente Presidente do TCM-RJ, o fraterno amigo Conselheiro Thiers Montebello, para aceitar a candidatura à Presidência de nossa entidade. E a surpresa se justificou, considerando que o mais lógico e natural seria a reeleição do atual Presidente, o dileto Conselheiro Antônio Joaquim, ou do 1º Vice (ele próprio, Thiers), sem desmerecer, por certo, o desejo e a capacidade de outros colegas, que de forma abnegada dedicam o melhor dos seus sonhos e esforços pelas causas da Atricon e dos Tribunais de Contas. O fato é que nenhum dos dois decidiu concorrer.

Após uma profunda autorreflexão, de uma conversa com minha família e com os meus colegas do TCE-PE; e tendo recebido de todos eles o mais completo e irrestrito apoio e incentivo, decidi aceitar o honroso desafio de colocar o meu nome como opção para a Presidência da entidade, nas eleições que ocorrerão no próximo dezembro, na cidade de Vitória – ES, durante o nosso Congresso Nacional anual.

Depois disso, especialmente durante os eventos institucionais que se seguiram à minha decisão, procurei conversar com colegas de outros Tribunais, ouvir suas ponderações, e, nessas oportunidades fui sendo mais e mais estimulado a concretizar o desafio da candidatura. Conquanto os diálogos por uma chapa consensual não estejam finalizados – tarefa à qual dedicarei o melhor dos meus esforços –, venho sendo cobrado por muitos colegas a externar minhas posições sobre os planos de gestão e sobre algumas das principais questões e temas que estão na ordem do dia e que exigirão posicionamento institucional por parte das lideranças da Atricon.

O ideal é que essas reflexões sejam feitas numa conversa pessoal, olho a olho com cada colega. Mesmo diante das dificuldades logísticas que tal empreitada impõe, procurarei, na medida do possível, ouvi-los, visitando a todos. De qualquer sorte, achei importante deixar registrado antecipadamente, nesta Carta-Compromisso, os principais pontos e eixos do que penso sobre o futuro da Atricon, com vistas a que todos, em especial aqueles que não conhecem a inteireza dos meus pensamentos, possam refletir de maneira mais abalizada sobre a minha postulação ao cargo maior da entidade.

A partir deste norte, e de forma objetiva, seguem alguns pontos fundamentais da nossa proposta:

1 – Reconhecer os enormes avanços conquistados pela atual gestão e dar continuidade às diretrizes e metas definidas no Plano Estratégico da Atricon, reavaliando-o, democraticamente, e focando as prioridades para o período 2014-2015;

2 – Manter os esforços com vistas à consolidação de um efetivo SISTEMA TRIBUNAIS DE CONTAS, respeitados sempre o

CANDIDATURA E REFLEXÕES SOBRE A ATRICON | 95

princípio federativo e a autonomia de cada TC, especialmente por meio, entre outras medidas:

a) do papel normativo-orientador da Atricon;

b) da contínua sensibilização da sociedade, das instituições e, especialmente, do Congresso Nacional para a necessidade da criação do Conselho Nacional dos Tribunais de Contas (CNTC);

c) do estímulo à implantação, no âmbito da legislação local (Leis Orgânicas e Regimentos), do "Manual de Boas Práticas Processuais", sem prejuízo de amadurecer o debate sobre a oportunidade de transformá-lo em Lei de amplitude nacional;

d) do aperfeiçoamento e ampliação do histórico e, certamente, transformador "Projeto Qualidade e Agilidade do Controle Externo";

e) do estímulo à implantação de um padrão internacional de auditoria por todos os Tribunais de Contas mediante a difusão do uso das Normais Internacionais de Auditoria Governamental (as NAGs);

f) da criação de uma estratégia nacional de comunicação para os Tribunais de Contas, considerando que somos instituições ainda desconhecidas e vítimas, muitas vezes, de preconceitos e avaliações equivocadas, que perdem de vista a singular importância e o elevado potencial de nossa contribuição para o aperfeiçoamento da gestão pública e da democracia brasileira;

3 – Fortalecer o processo de comunicação interna da Atricon, como um locus para a circulação de ideias, dados e informações entre seus Diretores e Associados, bem como entre os demais membros dos Tribunais de Contas, valendo-se, cumulativamente, dos modernos instrumentos de interação e colaboração, baseados no modelo de redes sociais, com o objetivo de ampliar os canais de conhecimento e participação na gestão da entidade;

4 – Lutar, no âmbito do Congresso Nacional e do Poder Executivo, pela recuperação do poder aquisitivo dos subsídios dos membros dos Tribunais de Contas, pela restauração do adicional por tempo de serviço e por outros benefícios e vantagens legalmente previstos, sem 3 esquecer a PEC nº 457 (que pretende rever o limite de idade para a aposentadoria

compulsória), caso esta já não tenha sido aprovada, buscando, para tanto, parcerias com entidades associativas de membros do Poder Judiciário, do Ministério Público e de outros segmentos corporativos;

5 – Sensibilizar os Tribunais de Contas estaduais e municipais a instituírem o modelo já aplicado pelo Tribunal de Contas da União (TCU) e por vários Tribunais de Contas em relação à distribuição originária de processos aos Auditores (Conselheiros-Substitutos), bem como garantir-lhes o pleno exercício das "demais atribuições da judicatura", previsto na CF, estreitando o diálogo com a Associação dos Auditores (Ministros e Conselheiros-Substitutos) – Audicon, visando, no futuro, à completa convergência institucional;

6 – Sensibilizar os Tribunais a propiciarem todas as condições logísticas e administrativas para a efetividade da independência funcional dos membros do Ministério Público de Contas, nos moldes já preconizados pelo STF, sem prejuízo da Atricon participar dos debates, com todos os interessados, acerca da eventual mudança constitucional do papel desse *Parquet* especial;

7 – Fortalecer a fundamental e construtiva parceria com o IRB, apoiando essa instituição na sua precípua função de fomentar a produção e o compartilhamento do conhecimento e das boas práticas nas áreas de controle e gestão e, ao mesmo tempo, contando com o seu auxílio na defesa político-institucional dos Tribunais de Contas, juntamente com a Associação dos Membros dos Tribunais de Contas dos Municípios (Abracom), parceira histórica nesse mister;

8 – Participar da consolidação do Portal Nacional de Contas Públicas, com dados e informações sobre a gestão dos recursos públicos, sob a guarda dos Tribunais de Contas, promovendo a transparência e estimulando o controle social;

9 – Participar efetivamente – de forma transparente e franca – de todos os debates (com a Academia, a Imprensa, os Conselhos, as Associações dos valorosos servidores dos Tribunais de Contas e a Sociedade como um todo) sobre temas que digam respeito às atribuições dos Tribunais de Contas e ao modelo de Controle Externo previsto na CF, rechaçando, de antemão, qualquer tentativa de diminuir as suas competências constitucionais ou de mitigar o seu poder fiscalizador;

10 – Aprimorar as parcerias com o TCU – notadamente no aprofundamento de futuras "auditorias coordenadas" nas áreas de saúde pública, segurança, tecnologia da informação... –; com os TREs e TSE, com vistas a conferir mais efetividade à Lei da Ficha Limpa, assim como manter, de maneira cada vez mais profissional, a defesa das competências constitucionais dos Tribunais de Contas que se encontram submetidas à deliberação dos Tribunais Superiores (STF e STJ), a exemplo da questão do julgamento das Contas do Prefeito ordenador de despesas (Contas de Gestão);

11 – Promover articulação e parcerias com as instituições participantes do processo de análise e julgamento das contas públicas, a exemplo do Legislativo, Judiciário, Ministério Público, Controladorias e Procuradorias, em busca do incremento da efetividade do controle externo;

12 – Sensibilizar os membros que não façam parte formal da futura gestão da Atricon a integrarem "Grupos Especiais" de auxílio às Diretorias em áreas estratégicas, a 4 exemplo de "meio ambiente", "controle social", "comunicação", "tecnologia da informação", "inteligência"...

Meus prezados Colegas:

Decerto que a nossa pauta não se esgota nos pontos abordados acima. Alguns podem discordar de algum aspecto; outros inseririam outras questões e desafios, aqui não abordados. Nada obstante, ainda há tempo razoável para os debates e para o contraditório até as eleições de dezembro. Estarei à disposição de todos para ouvir as sugestões, as críticas e aprofundar todos os pontos e temas aqui elencados.

Ainda que não seja possível a completa unidade dos associados em torno dessa plataforma ou do meu nome, ou seja, caso haja legítima e democrática disputa nas próximas eleições, adianto que o nosso compromisso é estruturar uma Diretoria equilibrada, com nomes representativos das regiões e das categorias de associados, medida essencial para a efetiva e necessária descentralização das ações de gestão, não só com os membros da Diretoria (até certo ponto reduzida), mas com todos aqueles colegas que desejem ajudar para o cumprimento dos objetivos da entidade e, por conseguinte, para o fortalecimento dos Tribunais de Contas e de seus membros.

O atual contexto de nossa República e a nova pauta social exigem de todos nós que prestamos serviços públicos uma atuação fincada na ética e nos resultados. Continuemos, pois, tocando em frente, procurando compor uma história de uma instituição à altura desses novos tempos. Escolhamos as prioridades, distribuamos as tarefas, sensibilizemos aqueles que ainda não enxergaram a necessidade de nossos esforços para, em última instância, tornarmo-nos instituições ainda mais úteis, mais efetivas e, em razão disso, justamente reconhecidas pelos cidadãos.

Mãos e cérebros unidos para continuarmos construindo essa importante "obra" democrática e republicana.

Conto com o apoio e a colaboração de todos vocês!

Recebam meu abraço cordial!

OS TRIBUNAIS DE CONTAS E O DESENVOLVIMENTO

Fevereiro de 2013, *Jornal do Commercio*

A princípio, não se vislumbra uma relação direta entre a atuação dos Tribunais de Contas e o desenvolvimento econômico do País, de uma região, de um Estado ou de um município. É comum associá-los apenas ao controle da regularidade formal da gestão pública. Concepção ultrapassada! Conquanto o aspecto da legalidade estrita da gestão seja fundamental, é preciso assinalar que, após a Constituição de 1988, o alcance da fiscalização exercida pelos Tribunais de Contas estendeu-se a outros aspectos da gestão, destacando-se a verificação da eficiência e da economicidade das despesas e dos investimentos públicos. É dever dos Tribunais, no exercício de seu controle operacional, julgar se a aplicação dos recursos alcançou os resultados pretendidos, da forma menos onerosa para o erário.

É nesse novo cenário institucional que se insere a estratégica parceria que vem se consolidando entre a Associação Nacional dos Membros dos Tribunais de Contas (Atricon), o Instituto Rui Barbosa (IRB) e os próprios Tribunais de Contas com o Serviço Brasileiro de Apoio às Micro e Pequenas Empresas (Sebrae). O objetivo precípuo da parceria é retomar a discussão sobre a efetividade das regras referentes às compras governamentais, instituídas pelo Estatuto Nacional da Micro e Pequena Empresa (LC nº 123/2006), que assegura justas vantagens para empresas locais em procedimentos licitatórios, ressaltando sua inserção no contexto mais amplo de sustentabilidade do desenvolvimento econômico nacional, a partir do fomento ao empreendedorismo local.

É inconteste que o favorecimento legal às micros e pequenas empresas locais (MPE) implicará a redução dos custos dos produtos e serviços adquiridos pela administração, dinamizará a economia local, trazendo, a reboque, o incremento no nível de emprego, da renda e da arrecadação de impostos locais, propiciando, assim, o aumento sustentável de fontes de receitas para financiar novas políticas públicas. Todas essas benfazejas consequências tornam-se ainda mais relevantes se se considerar o contexto de crise financeira e fiscal que atinge, desde 2008, a esmagadora maioria dos municípios brasileiros. Para aferir o impacto desta iniciativa, vale lembrar que as MPE constituem 99% dos 6 milhões de estabelecimentos formais existentes, respondendo por 60% dos 94 milhões de empregos no País e por 20% do nosso Produto Interno Bruto (PIB).

A retomada dessa parceria teve início em outubro de 2012, em Brasília, com a realização do encontro Tribunais de Contas e o Desenvolvimento Econômico. Até março de 2013, serão firmados acordos de cooperação técnica específicos entre os Sebraes estaduais e os respectivos Tribunais, culminando, no dia 13 do referido mês, com a realização simultânea, em todos os Estados, de um seminário sobre desenvolvimento econômico local, a importância das MPE e o papel dos Tribunais de Contas. Na sequência, as unidades de educação corporativa dos Tribunais – especialmente as suas Escolas de Contas e o Instituto Rui Barbosa – disponibilizarão capacitações para os agentes públicos interessados. Concluídas as etapas de sensibilização e capacitação, não haverá mais desculpas para omissão dos agentes públicos, cabendo aos Tribunais de Contas exercer plenamente o seu poder controlador sobre a correta aplicação da lei e, se for o caso, responsabilizando os agentes públicos que não observarem os seus comandos.

Além de serem instituições garantidoras da República e da democracia, os Tribunais de Contas brasileiros precisam dar mais esse passo institucional, sabendo que as políticas públicas existem para que o Estado possa cumprir os seus objetivos fundamentais de garantir o desenvolvimento nacional e diminuir as desigualdades sociais e regionais. Não podem esquecer que, tanto quanto possível, devem, ao lado de outras instituições, ser agentes indutores do desenvolvimento econômico.

NOVOS GESTORES MUNICIPAIS:
A CRISE, O DEVER E O DEVIR

Janeiro de 2013, *Folha de Pernambuco*

Em rigor, nada de novo sob o sol. Ciclos econômicos de baixo crescimento da renda, da produção e do emprego, como o que ocorre atualmente no Brasil, são inerentes ao sistema capitalista. Na verdade, já vivenciamos, em passado não tão distante, conjunturas muito mais traumáticas e agudas, mas o fato é que os efeitos da atual crise impactam negativamente o setor privado e, em especial, a sustentabilidade fiscal dos Estados e Municípios brasileiros.

Sem esquecer dos nossos próprios entraves e gargalos históricos, – a exemplo dos que encontramos na educação, na infraestrutura, na burocracia, na carga tributária, nos desvios éticos, no anacronismo do ordenamento político-eleitoral –, a atual crise financeira é resultado, em grande medida, da crise global que assola especialmente os EUA, a Europa e a China, nossos mais importantes parceiros comerciais.

O efeito globalizado da crise fica mais evidente se fizermos uma analogia com o chamado "efeito borboleta" – conceito desenvolvido pelo filósofo e matemático americano Edward Lorenz para explicar a "teoria do caos". Se um industrial chinês cancela importação de soja ou de minério de ferro de um fornecedor brasileiro, isso pode gerar, por exemplo, uma queda de renda e emprego no Brasil, uma queda da arrecadação de nossos tributos, uma queda dos repasses constitucionais tributários (FPE e FPM) do Governo Federal aos Estados e Municípios, a necessidade de os Municípios ajustarem suas contas, afastando servidores e cancelando novos investimentos.

Mas os efeitos negativos não param por aí. Seguindo a cartilha de índole "keynesiana", a política anticíclica adotada pelo Governo Federal, com o objetivo de reaquecer a economia – via desoneração do IPI e da Cide-combustíveis, por exemplo –, reforça, em curto prazo, a queda no montante das referidas transferências, fomentando ainda mais o desequilíbrio fiscal dos Municípios. Dois dados econômico-financeiros atestam a crise e seus efeitos: o PIB só crescerá em torno de 1% em 2012 e a perda de receitas dos Municípios neste ano atingiu o vultoso valor de 25 bilhões de reais, segundo dados da Confederação Nacional dos Municípios.

Diante deste cenário complexo, é inconteste que os governantes municipais (e também os estaduais, igualmente atingidos pela crise) tragam à tona o debate sobre um novo federalismo fiscal, ou seja, sobre uma forma mais justa e equânime de repartição do bolo tributário nacional. Acrescente-se que um novo federalismo fiscal não se faz necessário apenas em razão da atual crise.

O pecado original remonta à própria criação da federação brasileira, cujos entes surgiram a partir de um Estado unitário e tradicionalmente centralizador. O centralismo fiscal sempre foi uma marca da nossa federação. As competências tributárias dos governos estaduais e municipais nunca foram suficientes para assegurar-lhes a verdadeira autonomia financeira, característica agravada, a partir dos anos noventa, pela criação de contribuições sociais e econômicas – tributos arrecadados pelo governo federal não transferidos automaticamente para os demais entes –, o que acabou gerando uma crescente dependência, especialmente dos pequenos e médios Municípios, das receitas de convênios repassadas discricionária e politicamente pelo governo federal.

Vai daí que a luta política e institucional por um novo pacto federativo, por todos os motivos, históricos e contemporâneos, revela-se legítima, necessária e urgente. Nada obstante, o tempo das discussões e dos consensos políticos dificilmente coincide com o tempo social, econômico e fiscal. Basta lembrar a dificuldade de aprovação até mesmo de pequenas reformas tributárias, da regulamentação dos critérios de rateio do FPE, como determinado pelo STF, e de todos os debates e controvérsias políticas e jurídicas sobre a divisão dos royalties do pré-sal.

Sabendo-se que um novo pacto federal não será concretizado em curto ou médio prazos, caberá aos novos gestores municipais enfrentarem os enormes desafios com medidas corajosas e inovadoras. Urge, em primeiro lugar, fazer o dever de casa, que pode ser traduzido numa palavra-atitude: responsabilidade. Num contexto de crise,

NOVOS GESTORES MUNICIPAIS: A CRISE, O DEVER E O DEVIR | 103

algumas medidas imediatas devem ser tomadas, como por exemplo: (a) passar um "pente fino" nos contratos em andamento, rescindindo os que estiverem em desacordo com a lei e repactuando os preços de outros que se revelem acima do mercado e (b) racionalizar o gasto, escolhendo as reais prioridades dos cidadãos à luz dos preceitos da LRF (não se revela uma atitude responsável, neste momento, por exemplo, manter o nível de gastos com festividades e shows ou iniciar novas obras sem a conclusão de outras em andamento).

Passado esse período inicial, outras ações estruturadoras devem ser tomadas, como, por exemplo: (a) instituir e cobrar efetivamente os impostos locais (ISS, IPTU...), o que não costuma acontecer nos pequenos e médios municípios; (b) implementar um planejamento estratégico de médio/longo prazos, com definição de políticas públicas prioritárias, indicadores, metas, responsabilidades e monitoramento sistemático; (c) estruturar e profissionalizar o sistema de controle interno municipal e instituir uma procuradoria jurídica pública; (d) incentivar a economia local por meio do cumprimento da lei das micro e pequenas empresas e, por fim, (e) estabelecer uma relação transparente com os cidadãos, a partir do fiel cumprimento da lei de acesso à informação e dos regramentos da nova contabilidade pública nacional.

Os Tribunais de Contas, além do seu precípuo papel constitucional de guardião da república e da democracia, especialmente quando examina, previne e julga periodicamente a regularidade da aplicação dos recursos públicos, não podem ignorar essa conjuntura de crise fiscal dos municípios. Como já é da sua tradição, os Tribunais devem adotar uma posição de parceria e diálogo com os novos gestores, especialmente daqueles que demonstrarem uma atitude responsável diante deste grave momento. Os seus membros, o corpo técnico e, particularmente, as suas Escolas de Contas, devem não só se colocar à disposição para ajudar os novos gestores, mas serem proativos com a realização de seminários e a disponibilização de cursos específicos focados nos temas mais importantes para o atual momento das administrações municipais.

Dizer que crise é, ao mesmo tempo, oportunidade já virou lugar-comum. Mas é pura verdade. Os problemas e os desafios são grandes, mas, a cada novo período de gestão, como o que se iniciou no último janeiro, as esperanças de superação desses obstáculos são renovadas. A máquina da democracia, que, a cada quatro anos, produz esses novos ciclos de esperanças, é a mola mestra indutora deste eterno estado de devir, desta perene e natural perspectiva de mudanças, ainda que, em muitos casos, os gestores tenham sido reeleitos. Heráclito, filósofo pré-socrático, na defesa do eterno estado de devir, já dizia que "Um homem não entra no mesmo rio duas vezes. Da segunda vez, nem ele nem o rio serão os mesmos". Não interrompamos, pois, o curso normal do rio do nosso destino: novos gestores, novas gestões, novas esperanças.

LUZ QUE VEM DE QUIXABA

Novembro de 2012, *Jornal do Commercio*

O Sertão ainda não virou um mar de rosas. Mas o lamento do sertanejo ecoa em brado bem mais ameno. Até mesmo a Asa branca não precisa mais bater asas rumo a tristes e, muitas vezes, desvairadas partidas do torrão natal.

Nos últimos tempos, ao lado do famoso luar, que há muito clareava suas veredas noturnas e já fazia do sertanejo um forte, mesmo ante as adversidades naturais, surge uma nova luz. Refiro-me à luz de um novo sol: o "sol" da educação.

O Santo descrente diria: - Só vendo para crer! Pois que veja. Tomé Francisco da Silva é o nome de uma escola estadual, localizada no Sertão de Pernambuco, na zona rural da pequenina cidade de Quixaba. A instituição se destaca nacionalmente pela qualidade do seu ensino. Há alguns anos vem alcançando as melhores médias no Índice de Desenvolvimento da Educação Básica (IDEB). Premiações e reconhecimentos no boletim da escola viraram rotina. Já se disse que a simplicidade é o último degrau da sabedoria. Pois o segredo dessa estrela sertaneja está na simplicidade: professores dedicados e motivados, planejamento, gestão e monitoramento educacional, participação efetiva dos pais, estímulo e mais estímulo à leitura e à escrita, incentivo à participação dos alunos em olimpíadas nacionais de conhecimento, tudo isso aliado a um ingrediente fundamental: a vontade coletiva de fazer diferente.

A Escola de Quixaba é sol de liberdade em raios fúlgidos, é o habitante da clássica caverna de Platão, que, fazendo diferente, livrou-se dos grilhões e descortinou o mundo do conhecimento. É luz para iluminar nossas esperanças, que, algumas vezes, quedam adormecidas.

Não fechemos os olhos, porém, para outras importantes luzes, que há 25 anos clareiam a nossa "caminhadura" para um futuro melhor: a luz da democracia, a luz da Constituição cidadã, a luz da responsabilidade fiscal, a luz dos órgãos de controle da administração pública, a luz da transparência da gestão e do acesso à informação, a luz da Ficha Limpa.

Por outro lado, não podemos ensaiar cegueiras e nos conformar com cavernas profundas que ainda perduram em nosso País, especialmente as cavernas da burocracia, da ineficiência, da corrupção, da ética do jeitinho e da desigualdade social.

A solução exige que as luzes existentes sejam sempre reforçadas e aperfeiçoadas. Mas a energia-prima de todas as luzes é a que emana da clássica lanterna do pedagogo. É de uma escola de qualidade que surgirão cidadãos participativos, políticos, estadistas, gestores, empresários e trabalhadores eficientes e honestos, controladores efetivos e justos. A verdadeira revolução bate à porta. As armas são as escolas e a munição é o conhecimento. Os soldados somos todos nós, liderados pelo comando supremo da Educação.

Aproveitemos a hora e o clarão que se abrem na estrada à nossa frente rumo ao bem comum. Miremo-nos no exemplo daqueles guerreiros de Quixaba!

UMA NOVA LEI, UM SOL
E UMA ESPERANÇA

Maio de 2012, *Diário de Pernambuco* e *Blog* do Inaldo Sampaio

Passados mais de cem anos da proclamação da República, pouco mais de 20 da redemocratização do país e 12 da aprovação da Lei de Responsabilidade Fiscal, o dia "16 de maio de 2012" – data em que entra em vigor a Lei Federal nº 12.527, conhecida como a Lei de Acesso à Informação – também se prenuncia como um marco histórico.

Trata-se de um fato tão grandioso que propiciou um encontro memorável entre a República e a Democracia, acontecido numa cidade chamada Constituição, no Estado mais importante da Nação: Cidadania.

A República estava feliz da vida, porquanto, a partir da vigência da nova lei, que estabelece, como regra, a obrigação de os órgãos e poderes públicos divulgarem todos os dados e documentos de natureza pública, além de prestarem tempestivamente, sob pena de sanção, informações solicitadas por qualquer cidadão, o futuro dela, República, e o de suas três filhas – prestação de contas, transparência e eficiência, conhecidas no estrangeiro como "as três *accountabilities*" – apontava para dias bem mais promissores.

Ela enfatizava que o dever de informar ao povo e de dar publicidade aos documentos, ressalvados os sigilos previstos na norma, teria como consequência a melhoria da qualidade da gestão e a diminuição da corrupção, não obstante estar ciente dos desafios iniciais para a implementação da lei em nível nacional.

Comparava à claridade solar os efeitos das novas regras, que viriam para alumiar verdadeiras cavernas burocráticas, numa alusão ao mito platônico e à célebre frase do juiz americano, Louis Brandeis, para quem "Nas coisas públicas, o melhor detergente é a luz do sol".

A Democracia não parecia menos empolgada, pois sabia que, depois de ter vivido quase todo o século passado sentindo duros e cruéis golpes em seu corpo e "comendo o pão que a falta de liberdade amassou", experimentaria outra realidade, já que a nova lei lhe permitiria, enfim, trocar as antigas ruelas e encruzilhadas por verdadeiras avenidas de acesso sobre o quanto se arrecadou em tributos, como foram aplicados e quais os resultados das políticas públicas financiadas pelo dinheiro do seu filho único: Cidadão.

A Democracia, apresentando sinais de maturidade, não estava ansiosa. Sabia, a partir da experiência de seus antepassados, que, em algumas quadras da história, "esperar pode ser saber" e que, por isso, a plenitude do processo não viria da noite para o dia. Ainda assim estava confiante de que a sua principal força – o voto livre – passaria a ser mais consciente e efetiva, à medida que o cidadão estivesse municiado de dados claros e objetivos sobre o comportamento daqueles que administram os recursos em seu nome. Para tanto, fez questão de registrar que contaria com o apoio fundamental dos órgãos de controle.

O clima do encontro era, de fato, de muito otimismo. O atual contexto de pujança econômica vivido no Brasil, aliado a avanços legais e institucionais relevantes conferiram ao nosso país as condições objetivas para galgar "um novo lugar ao sol" no concerto das nações desenvolvidas. Mas, na hora exata da despedida, houve um momento de silêncio reflexivo. República e Democracia chegaram à conclusão de que sem uma verdadeira revolução da educação e uma profunda reforma político-eleitoral, especialmente em relação às regras de financiamento das campanhas, o progresso econômico e um ordenamento jurídico moderno, conquanto fundamentais, não seriam suficientes para se atingirem os sonhados cimos luminosos.

Àquela altura, as duas, paradas defronte do Pavilhão Nacional, em uníssono, ressaltaram que o lema positivista que, nos idos de 1889, inspirara os fundadores da República precisava urgentemente de uma aliada imprescindível. Começaram então a construir o que seria a nossa nova "bandeira de luta". O emblema inscrito na faixa central da nova Flâmula, fonte de inspiração para as ações de gestores, políticos, controladores, empresários, profissionais liberais e de todos os cidadãos, passaria a ser: *ética, ordem e progresso.*

Em seguida, caminhando juntas, a passos firmes, saíram para novas missões, declamando os históricos versos de Bilac: "Salve, lindo pendão da ESPERANÇA...". Salve!

CONTAS, FICHA LIMPA E "QUALUNQUISMO"

Junho de 2010, *Diário de Pernambuco*

A democracia não corre, mas chega segura ao seu objetivo.

(Goethe)

Há momentos que marcam a história de um país. Em se tratando de democracia no Brasil, depois das "Diretas Já" e do *"Impeachment* de Collor", a mobilização popular que culminou com a aprovação da Lei Ficha Limpa foi mais uma prova do nosso amadurecimento institucional e democrático. Também é um indicador de que o cidadão considera o comportamento ético e o desempenho administrativo dos candidatos, atributos indispensáveis ao exercício do mandato.

Nesta reflexão, ressalto um aspecto da Lei: as novas regras sobre a inelegibilidade de gestores públicos que tiveram contas rejeitadas pelos Tribunais de Contas. Antes, porém, é preciso clarear o papel dos Tribunais nessa questão. Em rigor, não são os Tribunais de Contas que declaram a inelegibilidade. A eles cabe o exame periódico das contas dos gestores, que se concretiza por meio de processo administrativo, garantida ampla defesa. Comprovando-se falhas graves em razão de afronta aos princípios constitucionais da administração pública, o Tribunal julga as contas dos gestores "irregulares", podendo, ainda, impor-lhes sanções.

Afora essa competência constitucional ordinária, a lei eleitoral determina que os Tribunais de Contas, antes de cada eleição, enviem à

Justiça Eleitoral a lista com o nome daqueles que, nos últimos oito anos, tiveram contas rejeitadas e que sobre estas não caibam mais recursos no órgão. A primeira e boa inovação da nova Lei foi aumentar de cinco para oito anos o interstício a ser considerado. A segunda foi exigir que, para evitar a inelegibilidade, não basta, como antes, o mero ingresso do gestor na Justiça Comum questionando a decisão do TC, mas sim uma decisão judicial que suspenda ou anule o veredicto do órgão de controle. Deixar claro que os detentores de mandatos (prefeitos, por exemplo) que assumem a função de ordenar despesas inserem-se na órbita de julgamento dos Tribunais de Contas também foi um importante avanço.

Nada obstante, há um ponto da nova Lei que preocupa e exigirá novamente da Justiça Eleitoral, sob pena de manifesto retrocesso, uma postura interpretativa que confira efetividade a essa hipótese de inelegibilidade. Decerto que há decisões dos Tribunais de Contas que, sopesadas ao direito natural do cidadão à elegibilidade, não têm o condão de impedir candidaturas. Esse juízo de valor seletivo, a cargo da Justiça Eleitoral, já era feito antes da nova Lei quando condicionava a inelegibilidade à constatação de que as irregularidades apontadas pelos Tribunais de Contas se enquadravam na lei de improbidade administrativa. O risco trazido pela nova Lei está em exigir que esta irregularidade seja classificada como improbidade administrativa "dolosa".

Ora, os Tribunais de Contas, com os instrumentos de fiscalização de que dispõem, dificilmente conseguem aferir intenção ou má-fé nos erros cometidos pelos gestores. Com efeito, a seara da subjetividade é mais afeita aos ilícitos de natureza penal e é por isso que a interpretação no campo administrativo-eleitoral há que se basear, ao menos, no conceito mais amplo de dolo, especialmente o de dolo eventual, que não exige intenção deliberada, mas tão somente a consciência de que, ao agir ou se omitir em certas situações – como, por exemplo, deixar de estruturar o sistema de controle interno –, o gestor estará assumindo o risco de cometer irregularidades. Em todos os países democráticos existem legislações, como a nossa, que buscam estabelecer requisitos para o exercício do mandato.

Sem ignorar a importância dessas regras, há que se reconhecer que é o cidadão, por meio do voto soberano, quem possui o mais poderoso instrumento para selecionar os seus representantes e melhorar a qualidade da democracia e da gestão. Contudo, é preciso evitar o fenômeno que Bobbio chamou de "qualunquismo", que é a descrença na política, levando os cidadãos a não mais diferenciarem os líderes e a votarem "em qualquer um". Mirando-se no exemplo dessa brava gente que lutou pela aprovação da Lei Ficha Limpa, que tal, você mesmo, cidadão-(e)leitor, começar a comparar os candidatos a partir de um exame mais profundo do comportamento administrativo daqueles que estão nas listas enviadas pelos Tribunais de Contas à Justiça Eleitoral? Antes de uma opção, trata-se de um dever da cidadania.

A COPA SOB CONTROLE

Outubro de 2009, *Diário de Pernambuco*

A seleção canarinha, não há dúvidas, será franca favorita para ganhar a Copa de 2014. Mas, ante a importância e magnitude do evento e das imensas responsabilidades assumidas pelo Brasil perante o mundo, esse campeonato só será completo se nós vencermos também os "jogos" que se realizarão fora das quatro linhas do gramado, ao longo dos próximos cinco anos: o "jogo da escolha", o "jogo da organização e dos investimentos" e o "jogo do controle".

O primeiro jogo nós já ganhamos no momento em que, após acirrada concorrência, fomos escolhidos para sediar o mundial. O segundo jogo dependerá da capacidade dos governos federal, estaduais e municipais, assim como da iniciativa privada, de efetivarem, a partir de ações planejadas, legais, eficientes e transparentes, os investimentos públicos (e privados) necessários à criação da infraestrutura do evento. Vultosos investimentos, com data e hora para serem concluídos – a exemplo das reformas e construções de *estádios, estradas, hotéis, rede de transportes, aeroportos* –, serão financiados com recursos públicos, ora por meio de obras públicas diretas, ora por meio de parcerias público-privadas, ora por meio de empréstimos à iniciativa privada.

Ganhar esse segundo jogo significa não repetir as graves falhas de planejamento verificadas nos Jogos Pan-americanos de 2007, bem como evitar o que aconteceu na Copa de 1950, quando o Maracanã foi utilizado sem estar plenamente concluído. Iniciativas como a criação de *portais de transparência* exclusivos, a identificação das verbas orçamentárias referentes aos gastos da Copa, a capacitação dos agentes públicos responsáveis pelo planejamento, elaboração dos editais e execução dos contratos, sem esquecer o fortalecimento dos mecanismos de controle interno, são ações fundamentais que ajudarão o poder público a cumprir os objetivos almejados.

Aos órgãos de controle público, especialmente aos Tribunais de Contas, estará reservada a incumbência histórica de ajudar a vencer o terceiro jogo, qual seja: zelar pela correta e transparente aplicação dos recursos públicos. Nesse contexto, especialmente tendo em conta que os prazos para os investimentos já estão predeterminados, estes órgãos haverão de pôr em prática, com muito mais ênfase do que noutras circunstâncias, uma atuação orientadora, compartilhada, preferencialmente de caráter preventivo, culminando com julgamentos céleres dos processos. Criar, portanto, uma estrutura técnica de servidores designados especialmente para analisar os editais de licitação e a execução dos respectivos contratos (como, aliás, já fizeram alguns Tribunais de Contas, inclusive o TCE-PE), aliada ao estabelecimento de parcerias institucionais, a exemplo da estabelecida com a recente assinatura de um *Protocolo de Intenções* entre os Tribunais de Contas do Brasil e a Câmara dos Deputados, são medidas que contribuirão para a efetividade do controle, a transparência e a probidade dos investimentos.

O Brasil vencer, na bola, a Copa de 2014 será uma imensa alegria, mas não será novidade para nós. Agora, aproveitar esta oportunidade e mostrar para o mundo que, além de acolhedor, bonito por natureza e naturalmente talentoso para o futebol, o País foi capaz de organizar e realizar com competência, transparência e probidade a Copa de 2014, isto, sim, haverá de ser o "gol de placa" que poderá significar o ponto de mutação para alçar definitivamente o Brasil à primeira divisão do campeonato mundial das nações desenvolvidas, econômica e socialmente.

PARTE II

DISCURSOS

DISCURSO EM SOLENIDADE NO TSE – TRIBUNAL SUPERIOR ELEITORAL

Brasília, agosto de 2017

Excelentíssimo Senhor Presidente do TSE, Ministro Gilmar Mendes; Excelentíssimos Senhores Presidentes e Membros dos Tribunais de Contas; autoridades presentes:

Esta cerimônia reúne duas instituições fundamentais do Estado brasileiro: os Tribunais de Contas e a Justiça Eleitoral. Ambas são instituições imbuídas constitucionalmente de proteger a república e a democracia. E aqui não há como não lembrar as lições do cientista social e político Guilhermo O'Donnel, quando afirma que o grau de *accountability* de uma nação depende crucialmente da efetividade das instituições de controle, o que ele chama de "*accountability* horizontal", e da soberania do voto popular, denominada "*accountability* vertical". Nada mais relacionado às nossas atribuições.

Ordinariamente, os Tribunais de Contas trabalham em prol da correta aplicação dos recursos do povo. Nada mais "democracia". Entretanto, também colaboram diretamente com a Justiça Eleitoral, na medida em suas deliberações constituem importante filtro na questão da (in)elegibilidade. E, não custa lembrar, que esse mister contribui, ao mesmo tempo, para a qualidade de nossa democracia e da governança pública.

A parceria que se concretiza nesta tarde-noite entre o TSE, o TCU e 23 Tribunais de Contas aqui representados pelos seus Presidentes, com o apoio da Atricon, reforça essa ponte republicano-democrática.

A expertise do controle, por meio de seus auditores, é mais uma vez colocada à disposição da Justiça Eleitoral para verificar a regularidade de contas de partidos políticos. E basta lermos os jornais diários para compreendermos a importância dos financiamentos dos partidos e das campanhas políticas para a lisura dos pleitos eleitorais, condição primeira para a qualidade da democracia.

E essa *expertise*, Presidente Gilmar Mendes, só existe porque os Tribunais de Contas, como de resto todas as instituições de controle do país, se aperfeiçoaram sobremaneira neste período pós-redemocratização. Também como todas as instituições, temos os nossos problemas e desafios, seja no campo disciplinar ou de desempenho. Não fugimos deles e aceitamos a crítica honesta. Nada obstante, ao tempo em que os enfrentamos abertamente e procuramos trabalhar para os devidos aprimoramentos (permitam-me aqui um breve parêntesis para lembrar a PEC nº 22/2017, proposta pelo Senador Cássio Cunha Lima, a partir de sugestão da Atricon, que cria o Conselho Nacional dos Tribunais de Contas, impõe critérios mais técnicos e rígidos para a composição dos Tribunais e prevê uma lei nacional processual de controle externo); pois bem, conquanto estejamos cientes desses aprimoramentos necessários, somos igualmente sabedores de nossas fortalezas e dos nossos muitos avanços conquistados.

E temos plena convicção de que boa parte das críticas que são feitas hoje aos Tribunais de Contas – nestes tempos em que generalizações e prejulgamentos estão muito em voga – decorrem justamente do cumprimento dos seus deveres constitucionais, ou seja, partem daqueles que estão incomodados com o exercício efetivo do controle externo.

Mas volto à nossa cooperação. Agradeço a Vossa Excelência, Presidente Gilmar Mendes, pela confiança depositada nos Tribunais de Contas e também à Atricon. Agradeço igualmente a cada Presidente que aceitou participar deste mutirão democrático, especialmente quando testemunhamos a carga de trabalho de cada Tribunal. Desde já, agradeço aos auditores de controle de todo o Brasil que irão dar concretude a esta parceria.

Sabemos que não existem mágicas ou milagres quando se trata de aprimorar a república e a democracia. Tudo é processo e por ser processo temos o dever cívico de tomar como aliados o trabalho, o tempo, a coragem e a resiliência. É como diz o ex-Presidente deste Tribunal, Carlos Ayres Britto: "o jogo-luta da democracia não se vence por nocaute, mas sim por pontos".

Neste momento, com a ajuda de todos aqui presentes, marcamos um tento dos mais importantes e estamos certos de que a república, a democracia e a cidadania, ao final, serão os grandes beneficiados. Não há saída ou solução fora da moldura democrática, ao mesmo tempo em que não existe democracia sem controle. Finalizo com uma frase de Johan Goethe:

"A democracia não corre, mas chega segura ao objetivo."

DISCURSO PROFERIDO NA AUDIÊNCIA COM O PRESIDENTE DA REPÚBLICA

Brasília, agosto de 2016

Excelentíssimo Senhor Presidente, Ministros, Secretários, Excelentíssimos Senhores Presidentes dos Tribunais de Contas e Membros da Diretoria da Atricon,

Este é um momento singular para o controle público e para os Tribunais de Contas. Aqui estão os Presidentes de trinta e um dos trinta e quatro Tribunais de Contas do Brasil e uma representação significativa da Direção da Atricon e de outras entidades do Sistema (Abracom, Audicon e IRB). É a primeira vez que o "Sistema Tribunal de Contas" é recebido por um Presidente da República. Por esse marco histórico, que a nossa primeira palavra seja de agradecimento a Vossa Excelência, Presidente Michel Temer, e a todos que colaboraram para a concretização desse encontro.

Antes de tecer algumas reflexões sobre os Tribunais de Contas e sobre esse momento desafiador por que passa o nosso país, permita-me entregar às mãos de Vossa Excelência o Livro das Resoluções-Diretrizes da Atricon, que é uma verdadeira bússola para o aprimoramento dessas instituições.

Os Tribunais de Contas são filhos e, ao mesmo tempo, guardiões da república. Nasce no contexto do movimento republicano, em 1890, sob a idealização do seu maior patrono, Rui Barbosa. A partir daí o sistema foi sendo moldado. Hoje somos trinta e quatro Tribunais de Contas. Mas foi a Constituição Cidadã de 1988 quem consolidou e fortaleceu as suas atribuições constitucionais.

Ao lado do Poder Legislativo, no exercício do Controle Externo da gestão, os Tribunais de Contas passaram a contar com atribuições bem mais amplas. Além do tradicional e importantíssimo controle da legalidade, da conformidade das contas públicas, o constituinte, inspirado na tradição anglo-saxã, conferiu-nos a missão de avaliar a efetividade das políticas públicas, a qualidade do gasto. Verificar se a execução do orçamento público está mudando para melhor a vida do cidadão. É o chamado "controle operacional". Além de legal, a despesa pública precisa algo mais, precisa cumprir a sua função social. Foi um grande avanço. Mas a prevenção, o papel educador e o estímulo à transparência e ao controle social não foram esquecidos pela Lei Maior.

Todo esse leque de competências foi robustecido paulatinamente por novos marcos históricos: a LRF – Lei de Responsabilidade Fiscal, que confere aos Tribunais de Contas o papel de guardião-mor do equilíbrio fiscal; a Lei da Ficha Limpa, que coloca os Tribunais de Contas a serviço da qualidade de nossa democracia. Saiba Vossa Excelência, e saibam todos aqui presentes, que a Atricon não sossegará enquanto não conseguir sensibilizar o Supremo Tribunal Federal a rever a decisão que acaba de proferir sobre o papel dos Tribunais de Contas em relação às contas de gestão de detentores de mandatos eletivos. Foi um verdadeiro retrocesso republicano, que precisa ser reexaminado pelo STF para o bem da gestão pública e da nossa democracia.

Embora ainda tenha o enorme desafio de se fazer conhecido pelo cidadão, até para que ele compreenda que o papel dos Tribunais reflete diretamente em sua vida, e ainda que estejamos cientes de que existem problemas de desempenho que precisam ser enfrentados com trabalho e coragem, é com alegria que recebemos o resultado de recente pesquisa CNI-Ibope, em que o cidadão brasileiro, em sua esmagadora maioria, reconhece a essencialidade dos Tribunais de Contas para o combate à corrupção e à ineficiência.

A Atricon, não é de hoje, escolheu o caminho do aprimoramento institucional dos Tribunais de Contas. Talvez sejamos, Senhor Presidente, a entidade brasileira que possui o programa mais completo e profundo sobre avaliação de desempenho institucional, no nosso caso, dos Tribunais: é o programa QATC – Qualidade e Agilidade dos Tribunais de Contas, que, além das diretrizes, é composto por um Marco de Medição de Desempenho. Esse programa tem ajudado no aprimoramento de todos os Tribunais de Contas do Brasil e, sendo a nossa ação prioritária, confirma nosso lema de que ser corporativo para nós é ver os Tribunais de Contas sendo cada vez mais respeitados pela sociedade e pelos gestores.

Posto que o sistema de controle externo tenha avançado com a Constituição de 1988, esses vinte e oito anos de experiência apontam para a necessidade de alguns e pontuais aperfeiçoamentos no seu modelo constitucional, a exemplo da criação de um Conselho Nacional para os Tribunais de Contas e da aprovação de uma lei processual nacional de controle externo. O CNTC e a lei são fundamentais para consolidar o sistema Tribunais de Contas e diminuir as assimetrias que ainda existem no sistema.

Compreendemos a importância do momento desafiador que vive a nação, Senhor Presidente. Reiteramos neste momento a profissão de fé em nosso País, em nosso povo, em nossa democracia, em nossas Instituições republicanas. Como já se disse aqui e alhures, a riqueza e a prosperidade das nações passam necessariamente pelo fortalecimento das suas Instituições.

Afora o desafio ético, levando em consideração os diversos casos de corrupção que assolam nosso país, e que estão sendo enfrentados com denodo pelos órgãos de controle, temos no horizonte o grande desafio do equilíbrio fiscal. Neste momento, em nome dos Presidentes aqui presentes, reafirmamos o compromisso da Instituição Tribunal de Contas com o princípio republicano. Somos sabedores da necessidade premente de medidas com vistas à retomada do equilíbrio fiscal. Os Tribunais de Contas podem e querem colaborar neste esforço nacional. Trata-se de um dever, de uma missão que naturalmente faz parte de nossa competência constitucional.

Seria esperado e legítimo, numa pauta institucional com a Presidência da República, trazermos pleitos e reivindicações específicas, de índole mais corporativa. Pois bem, Senhor Presidente, não trazemos nada nessa linha. Aqui apresentamos, isto sim, uma reivindicação de natureza principiológica e republicana. Desejamos que as medidas de ajuste fiscal e de aprimoramentos institucionais sejam precedidas por um amplo debate nacional, um diálogo franco e, principalmente, que essas medidas respeitem fielmente os princípios federativo e da isonomia, muitas vezes relegados a segundo plano por nosso legisladores.

A propósito dos diálogos, ressalto que, não é de hoje, temos mantido parcerias republicanas com órgãos do Governo Federal. Com o MEC, na busca da efetividade do imprescindível PNE – Plano Nacional de Educação; com a CGU, sobre a transparência na gestão pública; com o

Ministério da Justiça, na estratégia de combate à corrupção – ENCCLA; com o Sebrae, com o objetivo de incentivar o desenvolvimento local.

Excelentíssimo Senhor Presidente, Senhores Ministros, senhores Presidentes, colegas: finalizo reiterando que os Tribunais de Contas do Brasil acreditam na boa luta com vistas a superarmos todos os grandes desafios que se nos apresentam nesta quadra da nossa história. O Brasil, ao longo de sua trajetória, já demonstrou toda a sua capacidade de aproveitar os momentos de crise para um salto de qualidade social e institucional. Para não ir muito longe, lembro de mudanças estruturais ocorridas nas últimas décadas: anos 80: a redemocratização; anos 90: a estabilidade monetária; Anos 2000 – a responsabilidade fiscal; anos 2010: acesso a bens de consumo.

Hoje temos dois grandes eixos desafiadores. O primeiro é justamente lutar pela consolidação das inflexões históricas antes referidas: a democracia, a estabilidade de preços, o equilíbrio fiscal e a inclusão social. O segundo eixo desafiador se divide no desafio ético do combate à corrupção e da melhoria da qualidade do gasto público.

Finalizo, lembrando a origem de constitucionalista do Excelentíssimo Presidente, amparado em nossa Lei Maior, que, no seu artigo 3º, estabelece como objetivos fundamentais da república a garantia do desenvolvimento nacional, o combate às desigualdades sociais e regionais, a erradicação da pobreza e promoção do bem comum. Objetivos que devem inspirar a todos nós, a quem o destino incumbiu de zelar pelo que é do cidadão, sejam os responsáveis pela gestão ou aqueles a quem cabe a missão de exercer o controle, todos irmanados pela implementação de políticas públicas transformadoras.

Que estejamos à altura deste momento.

DISCURSO DE POSSE NA PRESIDÊNCIA DA ATRICON, 2º MANDATO

Brasília, março de 2016

Integridade e unidade

Este é um momento singular e de muitas simbologias para o "Sistema Tribunais de Contas". A posse conjunta das novas Diretorias da Atricon, do IRB, da Abracom e da Audicon, sob a generosa hospitalidade do TCU, reflete o sentimento de unidade. Unidade que não deixa de reconhecer diferenças naturais, mas que, cada vez mais, foca as convergências em prol de Tribunais de Contas mais úteis à sociedade e que cumpram sua missão constitucional, de forma plena, capaz e independente.

O momento é de integração. E esta integração transcende os empossandos e as entidades aqui hoje representadas. Com efeito, ela abrange todos os 34 Tribunais de Contas brasileiros, as entidades de classe parceiras do sistema, como Ampcon, Fenastc, ANTC e Auditar; outras como a OAB, AMB, ANDES, AJUFE, CONACI, SEBRAE e CNM; os Organismos Internacionais: BID, BIRD, GIZ, OCDE, INTOSAI, OLACEFS; o Poder Legislativo, o Poder Judiciário, o Ministério Público (o comum e o especial de contas), órgãos do governo federal, como o MEC, o MPOG e a CGU. Integração também com a imprensa e diversas organizações da sociedade civil. Um agradecimento muito especial às lideranças que representam todas essas entidades, pois elas nos ajudaram a alcançar nossos objetivos e metas ao longo destes dois últimos anos de gestão. Estamos convictos de que com elas estreitaremos nossos laços cada vez mais, ao longo desta nova caminhada.

Os avanços da Gestão 2014-2015

Por falar em gestão, não posso deixar de relembrar, de forma objetiva, as principais ações desenvolvidos pela Atricon no biênio 2014/2015. Buscamos uma atuação pautada nos objetivos consignados em nosso planejamento estratégico, nas Resoluções da Atricon e procurando conduzir nossa atuação a partir do diálogo institucional, da transparência e da democratização das deliberações estratégicas. Tudo isso não seria possível sem o apoio e a participação direta de todos os membros da Diretoria e do Conselho Deliberativo da nossa entidade, dos Presidentes dos Tribunais de Contas, do apoio estratégico do TCE de Pernambuco, de nossa proficiente assessoria técnica em Recife, em Brasília e em Mato Grosso, e de uma legião de membros e servidores abnegados pela boa causa do controle externo. Em breve síntese, eis algumas ações desenvolvidas pela Atricon:

- A defesa judicial de competências dos Tribunais de Contas e de prerrogativas de seus membros, especialmente a partir da interposição de Ações de Inconstitucionalidade perante o STF;
- Manifestações públicas sobre temas relacionados ao controle público da administração, aos Tribunais de Contas e à governança pública, por meio de entrevistas, debates, notas, muitas delas em parceria com as entidades aqui já citadas;
- Efetiva participação na ENCCLA e apresentação ao Congresso Nacional de um conjunto de medidas para aprimorar o combate à corrupção;
- Atuação no Congresso Nacional, inclusive por meio de assessoria parlamentar profissional, com vistas a defender as causas do controle externo e de seus membros e participar mais diretamente do debate dos temas relacionados à gestão e ao controle público;
- Realização do IV Encontro dos Tribunais de Contas, em Fortaleza, no ano de 2014, e do XXVIII Congresso dos Tribunais de Contas do Brasil, no final de 2015, no Recife, eventos marcados pela qualidade das discussões e pelo compartilhamento de boas práticas;
- Aprimoramento de nossa política de comunicação por meio de novo Portal na internet, do lançamento de vídeo institucional e de uma vigorosa atuação nas redes sociais.

Todas essas ações nos dão a consciência do dever cumprido, mesmo diante de todas as limitações humanas, financeiras e logísticas de uma entidade com a abrangência territorial e as múltiplas responsabilidades da Atricon.

O Programa Qualidade e Agilidade dos Tribunais de Contas do Brasil (QATC)

Nada obstante, meus senhores, minhas senhoras, faço um destaque especial ao nosso programa prioritário: o QATC – Programa Qualidade e Agilidade dos Tribunais de Contas do Brasil. Composto pelas Resoluções-Diretrizes da Atricon e pelo MMD-TC (Marco de Medição de Desempenho dos Tribunais de Contas), trata-se, sem sombra de dúvida, da mais moderna ferramenta de avaliação para os Tribunais de Contas, haja vista ser construído a partir de indicadores extraídos do SAI-PMF (da Intosai) e das Resoluções da Atricon, o que permite uma avaliação de padrão internacional em sintonia com as peculiaridades do nosso modelo constitucional de controle externo. Em 2015, 33 Tribunais de Contas aderiram e realizaram o diagnóstico, que teve a certificação de garantia de qualidade da Atricon. Poucas instituições públicas no país possuem em suas mãos uma bússola tão poderosa a apontar o caminho da excelência institucional.

Em rigor, o diagnóstico realizado, por si só, já seria motivo de júbilo pelo enorme potencial de desenvolver nossas instituições, diminuir as assimetrias, conferir mais efetividade à nossa atuação e conquistar mais confiança da sociedade. Mas queremos mais. Nos próximos dois anos, além de ações contínuas que visem aprimorar a própria ferramenta, envidaremos esforços para coordenar e ajudar a todos os Tribunais a melhorarem o seu desempenho e, para tanto, mais uma vez, temos a certeza, contaremos com a contribuição de todos os Tribunais, de seus membros e servidores, do IRB, da Abracom, da Audicon, da Ampcon e, dessa vez, dos próprios organismos internacionais que desejam um controle público proficiente e já reconheceram publicamente o valor da nossa ferramenta de avaliação. Conclamo a todos, então, para continuarmos essa jornada republicana.

Falamos da bússola e do caminho da excelência institucional. É certo, contudo, que tal constatação não significa que os Tribunais de Contas não se aprimoraram nesta quadra da história que remonta ao advento da Carta Cidadã de 1988. Avançamos, e muito! Profissionalização dos servidores, investimentos em tecnologia da informação, atuações cautelares e auditorias preditivas (aquelas que evitam "chorar" sobre "o dinheiro derramado" do cidadão), as auditorias operacionais (que focam os resultados das políticas públicas, ou seja, aquelas que avaliam se o gasto público melhorou a qualidade de vida das pessoas), a guarda dos princípios da responsabilidade fiscal, o estímulo ao controle social por meio das Ouvidorias e dos seus portais de transparência, a defesa da república e da democracia por meio dos pareceres e julgamentos das contas dos administradores públicos, que ganharam robustez com as novas balizas da lei da ficha limpa, a orientação aos gestores por meio das escolas de contas: todas essas ações, encontradas de norte a sul e de leste a oeste desse país continental, revelam o quanto já avançamos.

Nada obstante, não nos cabe ensaiar a leviana – e, amiúde, cômoda – cegueira corporativa para apenas enaltecer o que temos de melhor. O próprio diagnóstico realizado em 2015 aponta inúmeras oportunidades de melhoria, para todos nós, sem qualquer exceção. Portanto, meus senhores, minhas senhoras, "navegar" em busca do contínuo aprimoramento "é preciso". Preciso, vale dizer, nas duas acepções assinaladas pelos irmãos lusitanos. "Preciso", no sentido de viável e seguro, porque os resultados da aplicação do MMD-TC já indicam o que deve ser preservado, fortalecido, mudado e o que deve ser buscado. Mas é "preciso", sobretudo, no sentido de necessidade, porquanto a sociedade assim o deseja. Deseja que os órgãos de Estado prestem serviços de excelência. Que exerçamos nossas competências constitucionais sem qualquer nesga de capacidade ociosa. E em se tratando de Tribunais de Contas existe uma singularidade que aumenta a nossa responsabilidade: o serviço público que prestamos possui múltiplas vertentes de cidadania, na medida em que pode influenciar diretamente na qualidade de outros serviços essenciais à população, como educação, saúde, segurança, mobilidade e meio ambiente, tanto na perspectiva de melhorar a eficiência na aplicação dos recursos dele, cidadão, como na do combate ao flagelo da corrupção.

Combate à corrupção em rede

A propósito da corrupção, não podemos deixar de nos posicionar sobre o atual e desafiador contexto vivido em nosso país, triste e preocupante, de um lado, mas, por outro, repleto de sementes que sinalizam um porvir mais republicano. Reitero uma convicção: o combate à corrupção não será efetivo se não houver uma atuação firme e colaborativa entre todos os órgãos de controle público, bem

DISCURSO DE POSSE NA PRESIDÊNCIA DA ATRICON, 2º MANDATO | 129

denominados "agências de *accountability*" pelo cientista Guillermo O'Donnel, a saber: controle interno, procuradorias, Tribunais de Contas, ministério público, polícias, poder legislativo e poder judiciário. Todos os recentes casos exitosos de combate à corrupção no Brasil – e a "Lava Jato" é um primoroso exemplo – tiveram a marca indelével da atuação respeitosa e parceira dos órgãos de controle. Decerto que a exemplar atuação de agentes públicos que integram o controle merecem nossos aplausos e têm a força de fazer a diferença, de servir de exemplo, de quebrar paradigmas e de desencadear um ciclo virtuoso na atuação de outros agentes.

Nada obstante, para ser sustentável e significar uma verdadeira inflexão ética e republicana, o combate à corrupção, com a consequente responsabilização daqueles que dilapidam o patrimônio público, precisa se transformar numa política permanente e institucionalizada. Em se tratando de manifestos cardumes de predadores da república, anzóis haverão de dar lugar às redes. A efetividade duradoura, neste caso, rima com atuação integrada. Integrada, vale reforçar, por uma rede construída a partir de uma consistente teia de fios tecida por instituições de controle fortes e independentes. Tecida também por um ambiente de liberdade plena de expressão e de imprensa, por um nível cada vez maior de transparência dos atos de gestão, por uma maior participação dos cidadãos no controle social, por um modelo de exercício da política que iniba a influência do poder econômico e qualifique a nossa ainda jovem democracia, mas, sobretudo, por uma verdadeira abnegação de todos nós brasileiros por uma revolução na educação.

Nesta rede-teia republicana, nunca é demais repetir, a educação é a matéria-prima, é o fio-mor. Fazendo uma metáfora com a mitologia, é forçoso reconhecer que para ferir de morte o monstro da corrupção e sairmos imunes do labirinto da ignorância, da falta de ética, da ineficiência e da burocracia, a educação consiste no verdadeiro "fio de ouro de Ariadne", que tem o poder de reforçar e robustecer todos os demais fios – os fios do controle, da gestão, da transparência, da liberdade e da democracia – e de nos revelar o caminho real da esperança.

Permitam-me, nesta parte final, chamar a atenção de todos que integramos uma instituição essencial à república, à democracia e à boa governança pública para alguns riscos e desafios deste momento singular para o controle e para o futuro do nosso país:

Resoluções da Atricon

Como integrantes dos Tribunais de Contas e de um movimento sintonizado com os novos tempos, que busca o contínuo aprimoramento do controle exercido por estas instituições, peço o apoio de todos para adoção das recomendações-diretrizes consignadas nas Resoluções da Atricon. Todas são importantes e fundamentais para o alcance da excelência institucional. Contudo, permitam-me, neste momento, destacar duas delas. A primeira é a que trata dos requisitos constitucionais para a composição dos colegiados dos Tribunais de Contas e que assegura independência funcional e o pleno exercício das atribuições constitucionais aos Ministros e Conselheiros Substitutos e aos Procuradores de Contas que integram os MPCOs. Precisamos, por todos os meios legais, assegurar máxima efetividade ao texto constitucional e que todas as indicações para os nossos Tribunais estejam em sintonia com os atributos constitucionais, que podem ser resumidos em dois: capacidade e decência. A segunda Resolução é justamente aquela que diz respeito ao controle dos Tribunais de Contas sobre os gastos com educação, destacando a nossa responsabilidade histórica com a efetividade do atual PNE, ainda que saibamos dos desafios dobrados em razão da crise econômica e fiscal. Não esqueçamos: somos uma das principais agulhas que podem ajudar a tecer o fio de ouro que nos levará ao futuro sonhado.

O desafio da comunicação

Precisamos explicar ainda mais e melhor para a sociedade o nosso verdadeiro papel constitucional. Que não esperem dos Tribunais de Contas a aplicação de penas de privação de liberdade, a quebra de sigilo telefônico, a aposição de algemas, a decretação de *impeachment* ou cassação de mandatos. Com efeito, não é este o nosso papel constitucional. Mas nem por isso somos menos importantes para evitar desperdício, ineficiência e combater a corrupção. As auditorias técnicas, baseadas em metodologia internacional e lastreadas em matrizes de risco e relevância, realizadas diuturnamente pelo seu qualificado e independente corpo de auditores, aliadas ao controle preventivo e ao julgamento das contas, constituem vigorosos instrumentos de controle. E não devemos esquecer que as deliberações tomadas pelos Tribunais de Contas, notadamente as que concluem pela existência de irregularidades graves, graças ao dever de representação imposto pela Lei Maior, são enviadas, por exemplo, ao Legislativo e ao Ministério

Público, que, com base nelas, podem, soberanamente, desencadear outros processos, a exemplo de ações penais, *impeachment*, ações de improbidade e de impugnações de mandato, concluindo, assim, todo o possível ciclo de responsabilizações previsto no ordenamento jurídico.

O bom combate contra as ameaças ao controle

Atenção para o que chamo de "paradoxo da efetividade". Justamente em razão dos avanços de nossa atuação nos últimos anos (cito, apenas como um dos exemplos, a importante deliberação do TCU sobre as contas de governo do executivo federal de 2014, relatadas pelo Ministro Nardes, aprovadas à unanimidade do Plenário, e amparadas em minudente relatório técnico e parecer do MPCO) temos assistido, no âmbito da união e de alguns estados, movimentos pontuais de parcela de membros que integram o legislativo e o executivo visando nitidamente enfraquecer o controle e diminuir nossas competências e prerrogativas, balizas da nossa independência. O que dizer das evidentes inconstitucionalidades da MP 703, especialmente quando ignora a constitucional competência dos Tribunais de Contas para fiscalizar, em qualquer fase, os acordos de leniência? Da tentativa de extinguir importantes garantias da magistratura extensivas aos membros de Tribunais de Contas, consignada na PEC 62? Das inúmeras proposições que buscam mitigar a nossa atuação preventiva e cautelar em licitações e contratos, justamente aquelas áreas em que somos mais efetivos e fundamentais para evitar prejuízos ao erário decorrentes de sobrepreços e superfaturamentos em obras públicas? Faz sentido mesmo a criação de uma autoridade fiscal independente quando o próprio Tribunal já faz esse papel, que, por óbvio, pode ser aprimorado sem maiores custos e burocracia? Saibam todos os senhores que a Atricon – e, tenho certeza, as nossas entidades parceiras – não mediremos esforços para denunciar essas ameaças à sociedade, procurando, a partir de um debate firme e transparente, convencer a maioria comprometida de nossos parlamentares a não aprovarem esses verdadeiros desatinos antirrepublicanos, sem prejuízo, sempre, das medidas jurídicas cabíveis.

Conselho Nacional dos Tribunais de Contas

Por outro lado, há ações benfazejas no campo legislativo que teriam o condão de aprimorar o sistema. Reiterando nosso objetivo estratégico antigo, peço o apoio de todos – e aqui uma conclamação especial aos membros do TCU, aos parlamentares ligados ao tema do controle e às lideranças da sociedade civil – com vistas a nos ajudar a sensibilizar o Congresso Nacional para a premente necessidade da criação do CNTC, Conselho Nacional para os Tribunais de Contas, nos moldes do que já existe para o Judiciário e o Ministério Público. Precisamos do CNTC e a sua criação será uma medida prioritária neste novo biênio. Não como panaceia para todos os nossos problemas, mas para consolidar de vez e de maneira sustentável o "sistema Tribunais de Contas", zelando pela conduta ética de nossos membros e pelo melhor desempenho institucional.

Meus amigos, meus senhores, minhas senhoras. No último e inesquecível Congresso dos Tribunais de Contas, em dezembro passado no Recife, ao fazer menção a estas palavras-sentimento-atitude que devem nortear nosso comportamento e nossa atuação nesta atual quadra histórica – integração, rede, colaboração, parceria, compartilhamento, harmonia, união – vali-me da bela e significativa imagem-símbolo das antigas pontes do Recife. Para não fugir muito daquele script-raiz, finalizo ecoando o canto do poeta João Cabral de Melo Neto, no poema "Tecendo uma manhã". Que as palavras do poeta nos encantem e nos inspirem a continuar tecendo unidos o futuro com que sonhamos para o controle, para os Tribunais de Contas e para o Brasil:

> Um galo sozinho não tece uma manhã:
> ele precisará sempre de outros galos.
> De um que apanhe esse grito que ele
> e o lance a outro; de um outro galo
> que apanhe o grito que um galo antes
> e o lance a outro; e de outros galos
> que com muitos outros galos se cruzem
> os fios de sol de seus gritos de galo,
> para que a manhã, desde uma teia tênue,
> se vá tecendo, entre todos os galos.
> E se encorpando em tela, entre todos,
> se erguendo tenda, onde entrem todos,
> se entretendo para todos, no toldo
> (a manhã) que plana livre de armação...

Avante Atricon! Avante Tribunais de Contas!
Avante Brasil!
Obrigado!

DISCURSO DE ABERTURA DO XXVIII CONGRESSO DOS TRIBUNAIS DE CONTAS DO BRASIL

Recife, dezembro de 2015

Que as minhas primeiras palavras sejam de agradecimento e de profunda gratidão. Gratidão no seu sentido mais nobre, um daqueles empregados por São Tomás Aquino, por meio do qual nos obrigamos e nos sentimos no dever de retribuir, agradecer e dizer: "por tudo que vocês fizeram para a realização deste Congresso, recebam o nosso obrigado". Agradecemos a todos os participantes, às autoridades públicas aqui presentes, aos Presidentes e às lideranças dos 34 Tribunais de Contas do Brasil, às entidades correalizadoras – TCE-PE, IRB, Abracom, Audicon e CCOR –, aos nossos patrocinadores, em especial o Sebrae e o Bradesco, e a todos os nossos apoiadores: BIRB, BID, GIZ, OCDE, Ampcon, Fenastc, Fenacontas, ANTC, Auditar, Ibraop e Assur e um agradecimento muito especial a todos os palestrantes, presidentes de Painéis e de Mesas e membros e servidores da Atricon e do TCE-PE, que se doaram, de corpo e alma, na organização deste XXVIII Congresso Brasileiro dos Tribunais de Contas. Um belo espetáculo pertence à equipe que o planeja, àqueles que o executam e também a todos os que, de alguma forma, fazem-no acontecer.

Em 1991, um ano antes da criação da Atricon, Pernambuco teve a honra de sediar um Congresso dos Tribunais de Contas. Esse evento ficou marcado por profundas discussões sobre as, então recentes, novas atribuições constitucionais conquistadas pelos Tribunais de Contas a partir da Carta Cidadã de 1988, aquela, que, para o Ministro

Ayres Britto, e é verdade, foi a mais generosa de todas para com os Tribunais de Contas, desde a sua criação. Passados 24 anos, vemo-nos sob um manto constitucional que nos designa um papel ainda mais relevante no aprimoramento da construção da democracia e dos valores republicanos, em momento que nos apresenta desafios e oportunidades estimulantes para essa empreitada. Neste cenário, Pernambuco empresta mais uma vez seu solo sagrado, inspirador, marcado por tantas e tantas lutas libertárias, também republicanas e democráticas, para que possamos discutir e refletir sobre esse nosso passado, os nossos avanços e, sobretudo, sobre o futuro que almejamos para nos tornarmos, cada vez mais, Instituições de controle a serviço do cidadão, confiáveis, legitimadas socialmente e comprometidas com a boa governança pública e com a legal e eficiente aplicação dos recursos do povo.

Para pensar esse futuro, ouviremos aqui, durante estes quatro dias, as lições e as provocações de notáveis e respeitados representantes da sociedade civil, da academia, da imprensa, da administração pública, das entidades de controle público parceiras, de organismos internacionais e dos próprios Tribunais de Contas. Em um dos momentos mais desafiadores da história recente do país, marcado por uma aguda e preocupante crise de natureza ética e política, pelos enormes desafios de governança do setor público e pela grave crise econômica e fiscal, nada mais oportuno do que aprofundarmos e ampliarmos a discussão sobre o nosso papel institucional com vistas ao aprimoramento da gestão, a indução do desenvolvimento econômico e do efetivo combate à corrupção. Destaque também para a realização da Maratona Digital (Hackathon) dos Tribunais de Contas, coordenada pelo CCOR – que tem por objetivo o desenvolvimento de ferramentas tecnológicas para apoio ao controle social – e para a Feira do Conhecimento do Controle Externo, coordenada pelo IRB, que visa à apresentação e ao compartilhamento de boas práticas adotadas pelos Tribunais de Contas do Brasil.

A propósito da boa governança pública e do combate à corrupção, é preciso reconhecer que os Tribunais de Contas do Brasil, sem exceção, assim como os demais órgãos de controle público, avançaram sobremaneira nas últimas décadas, ocupando lugar de destaque dentre as instituições públicas nacionais. Por sinal, é justamente em razão da atuação firme das Instituições de Controle, hoje prevalecente, aliada, em especial, à maior participação do cidadão no exercício do controle social,

DISCURSO DE ABERTURA DO XXVIII CONGRESSO DOS TRIBUNAIS DE CONTAS DO BRASIL | 135

sem esquecer a fundamental liberdade de expressão, que podemos vaticinar dias mais alvissareiros e republicanos para nosso país. De fato, foram significativos os avanços conquistados pelos Tribunais de Contas. Ressalto alguns: estruturação de um quadro de servidores de excelência e que orgulha a administração pública brasileira; atuação amparada em planejamento estratégico estruturado e caracterizada por uma abordagem preditiva, proporcionada pelo chamado acompanhamento concomitante dos atos de gestão, especialmente por meio de alertas e ações cautelares; responsabilização de agentes públicos ou privados que cometem irregularidades graves no exercício da gestão; capacitação e orientação contínua dos administradores públicos; análise qualitativa do gasto público, a partir da realização de auditorias operacionais, que, transcendendo o simples exame da conformidade da despesa, alertam e ajudam os governantes a aprimorarem o planejamento e a execução das políticas públicas (em ações de saúde e educação, por exemplo), tornando-as mais efetivas e transformadoras. Não se pode olvidar, ademais, as inúmeras iniciativas para a promoção da transparência e o estímulo ao controle social levadas a cabo pelos Tribunais, a partir da ampla divulgação de informações e documentos públicos por meio de portais de cidadania, a exemplo do moderno "TOME CONTA" do TCE-PE.

Permitam-me uma reflexão sobre uma palavra-atitude que vem sendo a principal razão dos avanços aqui mencionados: integração. A primeira integração que merece realce é aquela que deve existir entre os órgãos de controle público, a saber: controle interno, Tribunais de Contas, ministério público, polícias, procuradorias, poder legislativo e poder judiciário. O combate à corrupção não será efetivo se não houver uma atuação compartilhada e que prestigie a troca de informações estratégicas, respeitando-se, por óbvio, as competências e o papel de cada uma delas. Todos os recentes casos exitosos de combate à corrupção no Brasil têm a marca indelével da atuação harmoniosa e integrada dos órgãos de controle. Foi-se o tempo dos solistas "sebastianistas".

Foi-se o tempo dos anzóis. Uma atuação inspirada numa orquestra musical e baseada numa consistente e estruturada rede colaborativa das instituições de controle é fundamental para a efetividade do combate a esse germe que teima em corroer a nossa república, mas que, reconheçamos, já apresenta fortes sinais de que está sendo atingido pelas vacinas institucionais. Outra integração fundamental é entre essas instituições de controle, a sociedade civil, a imprensa e os próprios administradores públicos. Administradores que podem ter nos Tribunais de Contas, e certamente nos demais órgãos e Poderes, colaboração e apoio no enfrentamento dos enormes desafios para a implementação das políticas públicas, tão caras ao cidadão. Diante de situações graves, cabe aos Tribunais de Contas, decerto, responsabilizar agentes públicos por irregularidades cometidas, mas, antes disso, há enorme espaço para uma relação transparente, dialógica e respeitosa, em que prevaleça a razoabilidade e o interesse público. Uma atuação integrada de todos estes atores institucionais e sociais, aliada a um ambiente de fortalecimento da transparência pública, do exercício responsável do controle social, em que desponta o aprimoramento contínuo da democracia e a priorização da educação como a mais importante política pública transformadora, tudo isso nos dá a plena convicção de que alguns desalentos desses tempos difíceis podem se transformar em vigorosas sementes para a consolidação de um país melhor.

Ainda sobre a palavra-atitude "Integração", não poderia deixar de mencionar as ações conjuntas, desenvolvidas no âmbito do Sistema Tribunais de Contas, sob a coordenação ou com a participação ativa da Associação dos Membros dos Tribunais de Contas do Brasil – Atricon, por meio de sua dedicada e competente Diretoria e de seus muitos colaboradores. No *folder* relatório de gestão, distribuído a todos os participantes deste Congresso, estão relacionadas as nossas principais ações na defesa pública, judicial e legislativa das garantias e prerrogativas dos nossos membros, das competências constitucionais dos Tribunais de Contas, das parcerias estratégicas com entidades do sistema, a exemplo do IRB, Abracom e Audicon, e outras não menos frutíferas, como as cooperações firmadas com o Sebrae, TCU, CGU e respeitados organismos internacionais. Além dessa atuação conjunta, a Atricon vem desenvolvendo importante esforço com vistas ao aprimoramento contínuo da sua política de comunicação institucional, voltada ao fortalecimento do sistema e da sua própria governança.

Nada obstante, minhas senhoras e meus senhores, autoridades e colegas dos Tribunais de Contas de todo o Brasil, o destaque maior dentro da estratégia de nossa atuação institucional – e, repito, com o apoio das entidades do sistema e, em especial, da quase totalidade dos Presidentes dos Tribunais de Contas do Brasil, sem esquecer a legião de membros e servidores que se dedicaram de maneira exemplar à sua construção e execução – é o Programa Qualidade e Agilidade dos Tribunais de Contas, o QATC, formado pelas Resoluções-Diretrizes, aprovadas democraticamente, no IV Encontro de Fortaleza, em 2014, e pelo Marco de Medição de Desempenho dos Tribunais de

Contas, o MMD-TC. Neste ano de 2015, o MMD-TC foi aplicado por simplesmente 33 dos 34 Tribunais de Contas do Brasil. Aferindo 27 indicadores, com base em mais de 500 critérios de boas práticas, e inspirado metodologicamente na ferramenta SAI-PMF, recomendada pela Intosai, o nosso MMD-TC representa, sem sombra de dúvidas ou falsa modéstia, a ferramenta mais adequada para avaliar o grau de desenvolvimento e as oportunidades de melhoria dos nossos Tribunais de Contas. Além dos indicadores consagrados internacionalmente, ele tem a vantagem de levar em conta as especificidades do nosso singular modelo constitucional de Controle Externo, muitas delas contempladas nas Resoluções-Diretrizes editadas pela Atricon, a exemplo da composição dos Tribunais de Contas, da atuação preditiva e do processo de apreciação das contas pelos órgãos colegiados.

Neste Congresso, a Atricon tem a satisfação de apresentar para a sociedade esse amplo diagnóstico do desempenho dos Tribunais de Contas do Brasil, numa demonstração inequívoca de que, conquanto reconheçamos os muitos avanços conquistados nas últimas décadas, ainda podemos evoluir, atenuar as assimetrias que ainda existem em nossos Tribunais e, assim, nos habilitarmos a prestar um melhor serviço ao cidadão. Considerando o caráter inovador do MMD-TC, que passou a integrar o seleto grupo de ferramentas de avaliação de desempenho institucional das instituições de controle público, teremos, neste Congresso, a oportunidade de refletir sobre o trabalho já realizado e os aprimoramentos que se fazem necessários, ouvindo e dialogando com as experiências de entidades como a Intosai, o IDI, a GIZ, a OCDE e o Banco Mundial.

O fato, meus prezados congressistas, é que, independentemente de mudanças que podem ser alcançadas por meio de reformas constitucionais em nosso modelo de controle, a exemplo da necessária e urgente criação do Conselho Nacional para os Tribunais de Contas, os indicadores de boas práticas estabelecidos no MMD-TC revelam-se um caminho sustentável e seguro para que nossos Tribunais alcancem a excelência no exercício da sua função de controle e conquistem, definitiva e amplamente, o reconhecimento da sociedade.

A propósito das lutas pelos aperfeiçoamentos constitucionais e legais do modelo de controle público nacional, a Atricon não medirá esforços para defender aquelas que estejam em sintonia com o interesse público. Nada obstante, fiquem todos certos de que a nossa entidade, da mesma forma, não poupará energias para denunciar publicamente e impedir, por todos os meios legítimos, propostas que representem retrocessos e enfraquecimento de nossas competências constitucionais e legais. Propostas que, amiúde, partem justamente daqueles segmentos sociais e políticos incomodados com esse novo contexto de atuação firme e mais efetiva de nossas Instituições. Propostas que representem enfraquecimento da independência de servidores e membros, a exemplo da PEC que propõe a extinção da histórica e fundamental vinculação das garantias e prerrogativas dos membros dos Tribunais de Contas com a magistratura ou daquelas, de âmbito estadual, que propõem a criação de novos Tribunais de Contas ou a extinção dos já existentes. Quem deseja que os Ministros e Conselheiros de Tribunais de Contas tenham sua independência diminuída? O que está por detrás das tentativas casuísticas de, periodicamente, se propor a criação ou extinção de alguns Tribunais? Inconcebível!

Também devemos ficar alertas e atentos às propostas de alteração da chamada lei anticorrupção, que, neste momento, tramitam no Senado Federal, uma verdadeiro acinte ao interesse público e à independência do Ministério Público, dos Tribunais de Contas e do Poder Judiciário. Neste ponto, permitam-me lembrar a importância e a necessidade de uma atuação forte – e mais unida possível – das nossas entidades representativas de membros e servidores dos Tribunais de Contas e dos membros dos Ministérios Públicos de Contas. Divergências, e pontuais tensões circunstanciais, são naturais, legítimas e até salutares para o avanço dos sistemas. Todos esses pontos merecerão sempre o nosso respeito e ações permanentes na busca por uma solução dialogada e franca. Mas ouso afirmar, em nome de todas essas entidades, que quando estiverem em jogo garantias constitucionais de independência de membros e servidores, e sempre quando a causa maior do controle público estiver sob ameaça de enfraquecimento, o nosso brado será uníssono e retumbante em favor da república.

Finalizo reforçando a palavra-atitude: "integração". E nada mais simbólico para evidenciar a importância de ações integradas entre os Tribunais de Contas, suas entidades representativas, as Instituições de Controle Público, a sociedade civil, os organismos internacionais, a academia, a imprensa e os governos, do que as belas e históricas Pontes do Recife, sobre os rios Capibaribe e Beberibe. Pontes que foram escolhidas deliberadamente para ilustrar o conceito de integração na logomarca do nosso Congresso. Pontes edificadas com o suor de muitos brasileiros que lutaram e sonharam com um país melhor, desenvolvido, menos desigual, ético e justo. Pontes que trazem o exemplo de filhos da terra, natos ou naturalizados pelo coração, que fizeram a diferença em nossa história. Pontes Frei Caneca, Pontes Joaquim Nabuco, Pontes João Cabral de Melo Neto, Pontes Paulo Freire, Pontes Mulheres de Tejucupapo, Pontes Dom Helder Camara, Pontes Manoel Bandeira, Pontes Miguel Arraes, Pontes Ariano Suassuna, Pontes Luiz Gonzaga, Pontes Barbosa Lima Sobrinho... Pontes que terão seus alicerces e suas pilastras reforçados pelas reflexões e contribuições republicanas emanadas desse histórico Congresso. Pontes que propiciarão aos Tribunais de Contas uma atuação cada vez mais intensa na defesa da boa e ética governança pública e sempre, sempre a serviço do cidadão Brasileiro.

Ao longo de nossa história, vencemos o desafio de consolidar a democracia, avançamos na estabilidade monetária e na responsabilidade fiscal. Demos passos para propiciar mais inclusão social. Portanto, nosso desafio maior é construir, para as novas gerações, Pontes que nos conduzam ao combate determinado e efetivo à corrupção e garantam eficiência máxima à implementação de políticas públicas que se constituam em verdadeiros instrumentos de transformação social.

Não à corrupção! Não à ineficiência!

Avante, Tribunais de Contas! Avante, Brasil!

DISCURSO DE SAUDAÇÃO
AOS AGRACIADOS COM A MEDALHA
NILO COELHO DO TCE-PE

Recife, maio de 2015

Foi com muita honra que recebi do Conselho deste Tribunal de Contas a missão de saudar os agraciados com a nossa mais alta condecoração – a Medalha Nilo Coelho – concedida a pessoas físicas ou jurídicas que prestaram relevantes serviços à sociedade. Aquele que dá nome à nossa Medalha, nunca é demais relembrar, foi um homem público singular, que orgulha a história de Pernambuco. Sertanejo correto e visionário, foi um (senão o principal) dos responsáveis pelo desenvolvimento do interior do Estado e do Vale do São Francisco. Como Deputado, Senador e Governador, Nilo Coelho sempre se pautou com dignidade e espírito público, tendo sido o fundador do nosso Tribunal.

Antes de enaltecer com maior minudência os atributos e ações benfazejas que justificam o nosso reconhecimento público a cada um dos homenageados, permitam-me uma breve contextualização dos complexos desafios que marcam o atual cenário brasileiro, o papel das instituições, dos Tribunais de Contas e da sociedade.

Corrupção, ineficiência, má governança pública e também privada, crise política, crise fiscal, crise econômica, crise de confiança, crise de esperanças. Esse é o estridente som que estamos ouvindo ao nosso redor. Se por um lado é justo reconhecer que após a redemocratização houve muitos avanços de ordem social, institucional e econômica, por outro o choque de realidade que se nos apresenta revela que o aprimoramento da ética pública e privada, o caminhar democrático, a consciência republicana dos governantes e dos cidadãos e das instituições ainda exigirão de todos nós muita dedicação, esforço e coragem transformadora.

A propósito da corrupção, o economista americano Robert Klitgaard, professor de Yale e de Harvard, desenvolveu uma expressão matemática que procura explicar o que alimenta e o que inibe o germe da corrupção. Para ele, $C = M + D - A$, onde a Corrupção (C) é igual ao grau de monopólio no serviço público (M), mais o grau de poder discricionário das autoridades (D), menos o grau de *accountability* e ética da sociedade (A). Essa singela e, ao mesmo tempo, densa redução cartesiana ajuda-nos a compreender melhor o problema e a sua dimensão. As duas variáveis positivas da equação (M e D), que, quanto maiores, contribuem para agravar a corrupção, encontram terreno fértil no Brasil. Os cidadãos não costumam ter estrada fácil quando necessitam da prestação dos serviços públicos essenciais, cujo monopólio, em vários setores, inibe eficiência, qualidade, inovação e produtividade. Sem falar no mais corriqueiro: tente abrir uma empresa ou extingui-la; tente obter certidões e alvarás. ... Pequenos Leviatãs aparecem por todas as veredas formando verdadeiros labirintos cartoriais amiúde superpostos.

Episódios recentes que ocupam as páginas de nossos jornais e revistas evidenciam a falta de planejamento e a fragilidade com que decisões estratégicas para o país foram e são tomadas sem estarem embasadas em dados técnicos confiáveis e na fiel observância da lei e do interesse público. Com efeito, a sanha não republicana tem levado setores econômicos historicamente estratégicos da Nação a desdenharem da meritocracia, o que acarreta manifesto abuso do poder discricionário e prejuízos imensuráveis.

Decerto que existem muitos exemplos de boa governança no serviço público brasileiro, em todos os Poderes e esferas federativas. No entanto, é no outro polo da equação do professor Klitgaard, aquele que ajuda a combater a corrupção quando os indicadores forem maiores, que reside a nossa maior esperança em dias melhores. Com efeito, quanto maior o grau de *accountability* de um país – *Accountability*, explico, é um termo anglo-saxão sem tradução precisa para o português, que, segundo especialistas como Guilhermo O'Donnel, diz respeito ao grau de transparência, prestação de contas, excelência do controle (inclusive social), responsabilização, democracia e imprensa livre de um país – e quanto maior a atitude ética dos seus cidadãos, menor

DISCURSO DE SAUDAÇÃO AOS AGRACIADOS COM A MEDALHA NILO COELHO DO TCE-PE | 143

a probabilidade de haver corrupção. Malgrado seja urgente uma reforma política que diminua o nefasto abuso do poder econômico nas campanhas eleitorais; conquanto os indicadores de qualidade educacional ainda deixem a desejar, contribuindo para travar os avanços no campo ético, são inegáveis os progressos acontecidos em outros aspectos da chamada *accountability*.

Senão vejamos.

Como negar os avanços na participação cidadã, especialmente por meio das novas mídias sociais? "Junho de 2013" e "Março de 2015" são símbolos de vitalidade da nossa jovem democracia e demonstração inequívoca de que a "letargia dos berços" tem limites. A Lei de Responsabilidade Fiscal, sem sombra de dúvidas, criou uma nova cultura de equilíbrio fiscal na gestão pública. Aos 15 anos, como toda debutante, vive atualmente alguns conflitos, que podem até exigir aprimoramentos pontuais, com vistas a que ela expresse melhor a nossa diversidade federativa. Nada obstante, é preciso atenção para que os eventuais ajustes não soltem em demasia as rédeas, de sorte a permitir libertinagens com as contas públicas. Com a lei de transparência e a lei de acesso à informação, as contas e os dados públicos ficaram mais acessíveis, facilitando o controle da sociedade e da imprensa e, por conseguinte, fortalecendo a democracia.

As Instituições de Controle, a exemplo dos Tribunais de Contas, do Ministério Público, das Polícias, dos Controles Internos e do Poder Judiciário, posto que necessitem de permanentes aprimoramentos, aparecem bem mais efetivos no filme republicano das últimas décadas. Compartilhamento de informações e ações integradas possibilitaram a criação de uma rede (teia) institucional de proteção ao erário em substituição aos velhos anzóis solitários de outrora. Uma reflexão, contudo, impõe-se a nós, responsáveis pelo controle público, e aos próprios cidadãos brasileiros. A observância do Estado de Direito, aliada a uma atuação que respeite as atribuições de cada Instituição, e que seja a antítese de vaidades e de devaneios heroicos, constituem segredos fundamentais para a justa responsabilização de culpados. Àqueles que assim não compreendem, sugiro que observem atentamente a apresentação harmônica, integrada e respeitosa de uma orquestra musical. Da mesma forma, o respeito à diversidade de opiniões, seja de natureza política ou ideológica, é atributo da civilidade. Extremismos travestidos de intolerância às diferenças e o apego cego a verdades absolutas também não contribuem. Para os que ensaiam essa visão pequena tacanha, faria bem uma rápida visita aos livros da nada edificante história dos totalitarismos de qualquer verniz ideológico e também a leitura do singelo poema "A verdade dividida", de Carlos Drummond. A ilustrar isso, peço permissão para ler o pequeno poema, talvez a mensagem mais importante desse meu discurso, depois, claro, do que falarei sobre os agraciados:

A porta da verdade estava aberta
mas só deixava passar
meia pessoa de cada vez.
Assim não era possível atingir toda a verdade,
porque a meia pessoa que entrava
só conseguia o perfil de meia verdade.
E sua segunda metade
voltava igualmente com meio perfil.
E os meios perfis não coincidiam.
Arrebentaram a porta. Derrubaram a porta.
Chegaram ao lugar luminoso
onde a verdade esplendia os seus fogos.
Era dividida em duas metades
diferentes uma da outra.
Chegou-se a discutir qual a metade mais bela.
Nenhuma das duas era perfeitamente bela.
E era preciso optar. Cada um optou
conforme seu capricho, sua ilusão, sua miopia.

Minhas Senhoras e meus Senhores!

Permitam-me, ainda, um breve, mas necessário, parêntese para falar sobre o nosso Tribunal de Contas de Pernambuco. A Instituição – que hoje tem a honra e a grandeza de reconhecer publicamente histórias, talentos e boas causas de cidadãos comprometidos com a prática do bem e do interesse público – desde a sua origem procura inspiração nos valores republicanos que caracterizam a altaneira história libertária do nosso Estado. O reconhecimento de que o TCE-PE goza na sociedade pernambucana e em nível nacional é fruto da obra coletiva de seus membros e servidores, os de hoje e os de ontem.

Essa instituição, há mais de uma década, deu um passo à frente e profissionalizou a sua governança interna e a sua atuação de controle a partir de um planejamento estratégico que, além de priorizar a gestão do conhecimento, estabelece, e monitora, indicadores e metas para todos os servidores e membros. O investimento em uma atuação concomitante sobre os atos de gestão tem gerado benefícios financeiros vultosos para o erário. Por outro lado, ao se afastar do formalismo legal, muitas vezes anacrônico e dissociado da realidade, o TCE-PE busca hoje contribuir para o alcance dos resultados sociais das políticas públicas. Mais do que comprovar a alocação financeira dos mínimos constitucionais, é fundamental analisar seu impacto sobre os indicadores sociais de cada setor. Seu credenciamento pelo BID e BIRD para fiscalizar a execução de contratos de empréstimo do Estado e a aceitação como membro da OLACEFS – organismo internacional que reúne as entidades fiscalizadoras da América Latina e do Caribe – é a prova de que estamos trilhando o caminho certo.

Nos últimos anos, o TCE-PE assume também um protagonismo em relação à transparência pública. Disponibiliza em seu portal na internet informações de sua governança interna e dados referentes às gestões públicas municipais e estaduais. Recentemente, a concretização de um sonho: com a implantação do *e-TCEPE* (o processo eletrônico de contas), 100% dos mais de mil e duzentos órgãos públicos prestaram as contas em 2015 via internet! Além de preservar o meio ambiente, ele permitirá maior agilidade no julgamento das contas e economia em logística. Mas tem o principal: é luz nas contas públicas e cidadania na veia, pois o TCE passa a disponibilizar em seu Portal todos os documentos públicos objeto das prestações de contas dos gestores.

É ainda esse Tribunal que possui uma Escola de Contas, uma Corregedoria e uma Ouvidoria que também são referências nacionais. Um Tribunal que é integrado ao sistema nacional de controle externo por meio de ações conjuntas com entidades parceiras, como a Atricon, o IRB e o TCU. A propósito, esta semana, o nosso Tribunal conclui, de forma pioneira, a aplicação do *Marco de Medição do Desempenho dos Tribunais de Contas* (MMD-TC), ferramenta de avaliação de desempenho institucional desenvolvida com base em padrões internacionais pela Atricon, a Associação dos Membros dos Tribunais de Contas do Brasil, entidade que também tenho a honra de presidir neste biênio 2014-15 e que, não é de hoje, prioriza o aprimoramento dos Tribunais de Contas.

Chego finalmente ao ponto crucial e a razão maior dessa solenidade. Em meio a todo esse contexto de avanços, crises, contradições, incertezas e, ao mesmo tempo, oportunidades porque passa o nosso País, falarei agora de esperança. Esperança que brota da história, das lutas, do exemplo, do legado, dos talentos, da criatividade, da coragem, da solidariedade de personagens que orgulham a nossa gente e que nos servem de inspiração. Neles, encontramos uma conjugação de todos esses valores e atributos. São cidadãos e histórias dignas que nos criam o dever de esperançar novos tempos. Esperançar aqui empregado como antônimo de esperar; esperançar como consequência do agir pelas boas causas. Aqui tiramos o chapéu para elogiar esses cidadãos. Aliás, elogiar, reconhecer, aplaudir são sentimentos e atitudes que estão ficando cada vez mais raros nestes novos tempos de individualidades e competições a qualquer custo. Pois aqui no TCE mantemos a tradição e o gesto do aplauso e do elogio público em alto e bom som. Por que concedemos a Medalha Nilo Coelho aos agraciados? Já ouvimos o Mestre de Cerimônias relatar o vasto currículo dos nossos queridos homenageados. Talvez os fatos, os feitos benfazejos e ações cidadãs públicas e profissionais já fossem o suficiente para deixar evidenciada as nossas motivações para este modesto reconhecimento. Todavia, permitam-me adicionar outras características e fatos ao rol de atributos pessoais e profissionais de cada um deles.

EDGAR MOURY FERNANDES SOBRINHO: Edgar Moury tem a marca da determinação e da franqueza. Não foi surpresa para mim quando li nos jornais no início deste ano, a atitude republicana e pouco comum nos dias de hoje: ele simplesmente decidiu não assumir o mandato de Deputado Federal por 30 dias, como, a rigor, tinha direito na qualidade de suplente imediato do Deputado Raul Henry, que assumira o mandato de Vice-Governador. Disse Edgar: "Não teria o que fazer em Brasília, pois o Congresso está em recesso. Só iria dar despesa ao erário". Quem conhece Edgar Moury não se surpreendeu com a sua postura. Era o mesmo cidadão que, sem destemor, exerceu com firmeza e coragem a liderança do MDB no período militar. Com o perdão do "Projeto 50", Edgar, o marco de todos os seus cinquenta anos de vida pública, acalentado desde a juventude, foi e continuará sendo a defesa da democracia e da liberdade.

EDUARDO AUGUSTO PAURÁ PERES: O Desembargador Eduardo Paurá tem a marca da serenidade e da prudência, sem que isto signifique falta de coragem ou de firmeza. É essa experiência na magistratura pernambucana, aliada a seus atributos pessoais de honradez e temperança que respondem pela gestão inovadora que tem empreendido na Corregedoria Geral do TJPE, neste biênio 2014/2015, com a máxima da ética do magistrado e da efetividade na prestação do serviço jurisdicional. Não poderia deixar de mencionar um importante programa de sua gestão chamado "Um passo a mais para a cidadania".

DISCURSO DE SAUDAÇÃO AOS AGRACIADOS COM A MEDALHA NILO COELHO DO TCE-PE | 147

Por meio dele, cidadãos mais carentes de comarcas do interior têm acesso fácil a certidões de nascimento, casamentos comunitários e reconhecimentos de paternidade.

FREDERICO RICARDO DE ALMEIDA NEVES: O Desembargador Frederico Neves, aliando o talento e a experiência na magistratura ao seu vasto e reconhecido conhecimento intelectual, como doutrinador e mestre de escol, especialmente no campo do Direito Processual, ampliou o horizonte da magistratura pernambucana. Faz uma gestão marcada por ações visando à celeridade e qualidade da prestação jurisdicional, onde se destacam o aprimoramento do processo eletrônico e a implantação de uma moderna Central de Conciliação, Mediação e Arbitragem. Chamo a atenção, contudo, para um fato que ficará para a história de nossa Justiça. Com a firmeza e a determinação que marcam a sua personalidade, fez o TJPE chegar mais próximo ao cidadão com a criação da Câmara Regional de Caruaru, um feito que, por si só, já o faria digno de todo o nosso reconhecimento.

GUSTAVO KRAUSE GONÇALVES SOBRINHO: Afora todas as qualificações e serviços prestados ao Brasil, Gustavo Krause ainda nos brinda com uma inteligência fulgurante e multidisciplinar. Numa faceta, revela-se um intelectual que discorre com maestria e proficiência singulares sobre política, governos, história, gestão, vida, comportamentos e meio ambiente. Conhece como poucos os pensamentos e filosofias de autores clássicos, como Platão, Kant, Adam Smith, Bobbio, Popper, Keynes e Marx. Noutra vertente, temos o cidadão de costumes simples que fala com a mesma paixão sobre música, boemia, literatura, celulites (em forma de marchinhas) e futebol. Sobre o último tema, uma predileção especial por "autores" não menos clássicos, diria mesmo "hexa-clássicos", como Valter, Gena, Ramos, Matias, Bita, Nino e Lala. Suas crônicas, frutos de uma pena caprichosamente diferenciada, são sempre uma homenagem à reflexão, ao estilo e à criatividade. Krause é resiliência. É *pernambucanidade* que não verga!

HENRIQUE JOAQUIM FERREIRA CRUZ: Dotado de um temperamento afável e conciliador, Dr. Henrique Cruz nunca esquece as lições de Hipócrates e de São Lucas, o médico de homens e de almas, pois sempre pautou o seu sagrado sacerdócio tratando com proficiência, cuidado e atenção os seus pacientes, seja nos ambulatórios públicos, seja no seu respeitado consultório particular, onde até hoje exerce a medicina. Essa Medalha, entre tantas outras recebidas por ele ao longo de sua jornada já vitoriosa, certamente tem um sabor especial, pois Dr. Henrique Cruz era muito amigo do nosso grande homem público Nilo Coelho.

JANEIDE OLIVEIRA DE LIMA: A procuradora Janeide Oliveira não é apenas uma competente integrante de uma das instituições mais respeitadas da República. A sensibilidade também é sua marca. Incansável defensora do direito da criança e dos adolescentes. Hoje é reconhecida no Brasil como uma grande especialista no Direito da Infância... Mulher de verniz e clarividência intelectual para além do seu tempo, o que sempre lhe garantiu um campo de visão privilegiada da sociedade em seu movimento de perene transformação. Dotada de uma caneta fecunda, culta e provocadora, escreveu diversos artigos, com destaque para o Direito da Criança e do Adolescente. Nunca aceitou os sistemas passivamente. Em todos os cargos que ocupou no MPPE utilizou-se de sua peculiar dialética para reinventar procedimentos e condutas. Amiga dedicada e vigilante, dotada de um humor cativante, daqueles que resgatam o nosso pensar da natural acomodação que a rotina impõe.

JOÃO AUGUSTO RIBEIRO NARDES: Ministro Nardes é um gaúcho que há muito tempo rompeu as fronteiras dos pampas. No convívio destes últimos dois anos no mundo do controle externo, eu pude testemunhar a sua sabedoria e a sua invejável capacidade de trabalho. Para ele, o tempo não para. A habilidade e a simplicidade no trato e nos costumes também chamam a atenção. Foi um dos principais responsáveis pela aprovação do "Simples Nacional", uma legislação que fomenta as pequenas empresas, aquelas que mais geram emprego e renda no Brasil. Sem exagero, afirmo que ele é hoje um dos maiores especialistas no tema governança pública. Suas ações no comando do TCU e da Olacefs, nos últimos dois anos, a exemplo do "Pacto pela Boa Governança" e das "Auditorias Coordenadas" em saúde, ensino médio e meio ambiente, mostraram para o Brasil e para o mundo a relevante missão dos Tribunais de Contas. E mais do que isso: ele promoveu uma histórica integração entre o TCU e os Tribunais de Contas Nacionais e entre todos nós que fazemos parte do controle externo brasileiro e a comunidade internacional de controle.

ORQUESTRA CRIANÇA CIDADÃ: Idealizada pelo Desembargador Nildo Nery e pelo prezado amigo Juiz de Direito João Targino. Este paraibano de boa cepa, que, além de magistrado competente, tem um coração grande e generoso, não se cansa de receber homenagens por todos os rincões. E não podia ser diferente diante de uma atitude que é sinônimo da mais pura cidadania. A construção dessas verdadeiras "pontes de futuro e de dignidade" para esses jovens e adolescentes é a prova de que o compromisso social pode emanar da própria sociedade, sem que se necessite esperar sempre pelo Estado. É a prova viva e poética de que a luz da esperança já pode brilhar hoje, porque alta vive! Quanto mais agora, quando a Orquestra recebeu as bênçãos do Santo Padre Francisco, numa solenidade que emocionou o mundo.

EDUARDO CAMPOS (*IN MEMORIAM*): O Governador Eduardo Campos era um cidadão e um homem público diferenciado. Unia como poucos a habilidade política, o carisma, a capacidade de liderança e de formar equipes e o talento para a gestão. Seu Governo alçou Pernambuco a uma escala de desenvolvimento econômico e social pouco vista. Mantendo-se fiel à causa democrática e sempre ciente de que o Estado deve estar a serviço dos mais pobres e humildes, ousou romper com velhos dogmas ideológicos e passou a ser referência como gestor, quando decidiu adotar modelos de planejamento e de execução de políticas públicas sintonizados com o primado da produtividade e da eficiência. Em seus dois governos, ele nunca deixou de prestigiar e respeitar o TCE-PE, tanto em relação ao reconhecimento da nossa autonomia, da nossa qualidade técnica e do nosso papel institucional, como na presença em todos os eventos importantes de nossa Casa. Sempre acompanhado pela nossa querida amiga e colega Renata Campos, e do seu filho José, ao lado, no colo e, às vezes, por baixo da mesa. Não dá para esquecer o seu último momento aqui conosco. Foi justamente o dia 8 de janeiro de 2014, na solenidade de minha posse na Presidência do Tribunal. Hoje todo o Brasil sabe o que nós já sabíamos. A trajetória vitoriosa do Governador Eduardo Campos, além de ser fruto de atributos pessoais conquistados por sólida formação técnica e política, possuía um alicerce principal construído com muito amor, sabedoria, amizade e companheirismo. Esse alicerce chama-se "Família": seus avós, com especial destaque para o avô Governador Miguel Arraes e Dona Madalena, o seu Pai, o escritor Maximiano Campos, a sua Mãe, querida Ministra Ana Arraes, seu irmão Antônio Campos, seus 5 filhos, seus sogros, Dr. Ciro e Rejane Andrade Lima e, de maneira muito singular, Renata Campos, sua esposa, amiga e fiel conselheira. Renata, que aqui simboliza toda a família, é exemplo de fé e união. Mesmo em momento de tristeza e saudades profundas, ela ainda reúne forças para nos encorajar, como sempre fazia Eduardo Campos, a nunca desistir de sonhar um Brasil desenvolvido e mais justo.

Concluo essa saudação com a mesma profissão de fé em um futuro melhor. O exemplo de todos esses homens e mulheres hoje aqui homenageados e que dedicaram tempos preciosos de suas vidas às causas sociais, da justiça, da democracia, da política, da ética e da eficiência do Estado e da saúde é a certeza de que poderemos sonhar com um país mais ético, menos desigual e mais fraterno.

Movidos por esse sentimento, nada mais oportuno, portanto, de que, antes de ouvirmos as melodias da Orquestra Criança Cidadã, possamos desfrutar de uma música-poema de Nelson Cavaquinho, para mim uma das letras que, do alto de sua simplicidade, melhor define os sentimentos de fé e de esperança que todos devemos ter:

> O sol... há de brilhar mais uma vez
> A luz... há de chegar aos corações
> O mal... será queimada a semente
> O amor... será eterno novamente
> É o Juízo Final, a história do bem e do mal
> Quero ter olhos pra ver, a maldade desaparecer
> O amor... será eterno novamente.

DISCURSO NO IV ENCONTRO NACIONAL DOS TRIBUNAIS DE CONTAS

Fortaleza, agosto de 2014

Uma saudação especial ao TCM-CE pelos 60 anos de sua criação, na pessoa do seu ilustre Presidente, Conselheiro Francisco de Paula Rocha Aguiar. Em nome da Atricon, registro nossos efusivos parabéns a este valoroso Tribunal, que nos recebe, para este IV Encontro, de maneira tão carinhosa e prestativa.

Aproveito, desde já, para agradecer a todos os Conselheiros e Servidores do TCM-CE pelo trabalho árduo e ajuda fundamental na organização deste IV Encontro, uma ajuda sempre regada a muito trabalho, simplicidade, paciência e diálogo franco e fraterno.

Agradecer aos nossos Parceiros de sempre: Abracom (Presidente Francisco Neto); IRB (Presidente Sebastião Helvécio); CCOR (Presidente Cláudio Terrão); TCE-CE (Presidente Valdomiro Távora).

Agradecimento a todos os nossos parceiros apoiadores: Audicon, Ampcon, Fenastc e demais entidades representativas de servidores. De maneira muito especial aos nossos patrocinadores, fundamentais para a realização do Encontro: Sebrae, Bradesco, CEF, Assembleia Legislativa do Ceará, Prefeitura de Fortaleza... E, de maneira mais especial ainda, a cada um dos Presidentes dos Tribunais de Contas, que, num grande esforço de colaboração, propiciaram as condições para a presença maciça dos cerca de 500 participantes deste IV Encontro, sem esquecer o apoio para que servidores e membros participassem das comissões temáticas.

E, como não poderia deixar de ser, uma gratidão muito especial aos colegas membros e servidores que, sob a coordenação dos nossos queridos e competentes Valter Albano (Vice-Presidente da Atricon) e Jaylson Campelo (Diretor), dedicaram-se de alma e corpo à construção das minutas de Resoluções-Diretrizes da Atricon, e também aos exemplares colegas que sugeriram aperfeiçoamentos em seus textos.

Queridos colegas, minhas Senhoras, meus Senhores:

Sem querer contrariar o compositor e maestro Guio de Moraes, cantado na lendária voz do nosso Rei do Baião, afirmo com todas as letras que no Ceará tem disso, sim senhor!

Aqui tem gratidão verdadeira. Os agradecimentos que acabamos de render àqueles principais personagens que colaboraram para realização desse momento histórico para nossos Tribunais de Contas é a prova desse sentimento.

Aqui no Ceará, com a ajuda natural de seus ventos fortes, verdadeiros ventos-guia, a "Nau Tribunal de Contas" tem mais uma oportunidade de levantar suas velas institucionais e zarpar sob a crista de poderosas ondas que formam os verdes-mares da ética, da república, da democracia e da cidadania. Aqui, no Ceará, sabe-se, desde cedo, que embora as jangadas da famosa praia do Mucuripe estejam mais seguras ancoradas na areia, elas foram feitas para se lançarem mar adentro, como fazia o lendário cidadão cearense Francisco José do Nascimento. No começo da vida, era simplesmente Chico de Matilde; depois, o heroico "Dragão do Mar", aquele que, já em 1881, antes mesmo da Lei Áurea, recusou-se bravamente a transportar escravos em sua jangada, contribuindo para que o Ceará entrasse para a história do Brasil como o primeiro estado a abolir a escravidão. Como muitos outros rincões de nosso país, aqui também, no Ceará, tem, sim, sentimento libertário, desejos de evolução, ventos de mudança, pescas republicanas.

Este IV Encontro Nacional acontece numa quadra bastante desafiadora da nossa história. Vivemos, desde junho de 2013, sob um contexto de mares sociais civicamente agitados. O cidadão brasileiro, cada vez mais esclarecido, cobra do Estado e de suas instituições serviços públicos efetivos. Querem ver o suor do tributo pago se transformar em qualidade de vida. Querem ver posturas republicanas e éticas dos seus agentes públicos. Por isso, não poderia ter sido mais oportuna a escolha do tema central do IV Encontro: "O papel dos Tribunais de Contas frente às demandas sociais". Poderíamos aproveitar esses dias para apenas discutir o que se convencionou chamar de "fenômeno das ruas". Seria proveitoso. No entanto, pareceu-nos mais adequada e consequente a decisão de aproveitar este momento para ir além e, de maneira democrática e profunda, manifestarmo-nos propositivamente acerca de uma pauta de temas que pode significar a materialização daquele que, para nós, será o "grande encontro", o encontro definitivo dos Tribunais de Contas com a cidadania.

Daqui, até o final do dia 6 de agosto, sairemos munidos de um conjunto de Resoluções e Diretrizes – legitimadas pela aprovação da maioria dos nossos membros associados – que consubstanciarão um núcleo fundamental e estratégico de ações e posturas daquilo que pode ser um Tribunal de Contas ideal, efetivamente cidadão. São diretrizes-recomendações que respeitam a autonomia de cada Tribunal e o princípio federativo que os norteia. São procedimentos e condutas que, é preciso dizer, já se apresentam como realidade em muitos Tribunais, mas precisam ser estendidos a todos os que formam o sistema, sem qualquer exceção. Urge que atuemos de maneira mais uniforme e integrada. A propósito, lembro de Mandela e de um mantra sempre evocado por ele: UBUNTU. Uma palavra africana que significa um sentimento de coletividade: "Sou o que sou, porque somos todos nós". Sentimento que cabe como uma luva entre nós. Não conseguiremos a efetividade social desejada se não diminuirmos nossas diferenças, se todos os Tribunais de Contas brasileiros não remarem em uma mesma corrente de excelência.

A Atricon poderia se restringir ao exercício de sua atuação corporativa e na defesa das prerrogativas de seus associados. Mas esta postura introspectiva implicaria virar as costas para a história, para uma realidade que exige de nossas entidades representativas, e de todos nós, o firme compromisso de defender os importantes avanços institucionais e também de refletir sobre aperfeiçoamentos necessários. A Atricon não fugirá desse compromisso!

Firmeza e compromissos que são evidenciados quando somos instados a, publicamente, defender a instituição Tribunal de Contas de avaliações superficiais e preconceituosas, muitas delas vindas de setores que estão a serviço de ideologias pouco republicanas e de grupos poderosos que passaram, nos últimos anos, a sentir a mão firme e preventiva dos Tribunais de Contas no combate ao desperdício e à corrupção. São alguns setores que, paradoxalmente, se acostumaram a trocar os riscos próprios do mercado pela dilapidação dos cofres públicos. São setores que simplesmente não querem ser fiscalizados, que enxergam, muito bem, os nossos avanços e efetividade e, por isso mesmo, desejam nos enfraquecer, ora ensaiando cegueiras, ora dissimulando transparência. A propósito, alerto a todos aqui presentes que alguns pontos do PLS nº 559/13, ora em tramitação no Senado, que estabelece um novo marco legal para as contratações públicas, pode, entre outras consequências indesejadas, significar o esvaziamento dessa fundamental competência preventiva dos Tribunais de Contas. Mas há também aqueles que simplesmente não compreendem o nosso papel constitucional. Não veem com a devida nitidez que a maioria dos Tribunais investe pesadamente na formação do seu quadro de servidores (reconhecidamente um dos melhores da administração pública brasileira), em tecnologia da informação, em planejamento estratégico, no aprimoramento das ferramentas de auditoria (buscando padrões internacionais), na criação de ouvidorias e de escolas, na fiscalização concomitante da gestão, que gera benefícios financeiros reais e vultosos para o erário. Não veem, ademais, que a causa mais efetiva que impede um agente público de se candidatar em uma eleição é justamente o fato de ter tido suas contas rejeitadas pelos Tribunais de Contas. Está comprovado: os Tribunais de Contas são fundamentais para a efetividade da lei da ficha limpa. Não veem que para os gestores de boa-fé, os Tribunais são verdadeiras escolas de boa governança, parceiros de primeira hora para uma melhor prestação de serviços essenciais, como educação e saúde. Isso é efetividade! Isso é ser útil à sociedade! Porém, além dos preconceitos e da ignorância, há outros momentos de amargura. Falo do julgamento sumário e injusto sobre alguns de nossos membros por parte de setores da sociedade. Vidas honradas são jogadas irresponsavelmente, e em fração de segundos, na lata do lixo da história. Reputações são dilaceradas, bem ao estilo kafkiano. Joio e trigo misturados, sem constrangimentos, num verdadeiro liquidificador inquisitorial. Frente às incompreensões, resta-nos trabalhar arduamente para aperfeiçoar o nosso modo de nos comunicar com a sociedade e com a imprensa. Para as maledicências e tentativas de desconstrução institucional, o remédio é "Fortitudine", o lema escrito na bandeira da nossa encantadora cidade de Fortaleza, que significa: força, valor e coragem.

Falei do dever de sermos firmes e comprometidos com a defesa do nosso papel constitucional, dos nossos avanços institucionais e daqueles membros que são vítimas de leviandades. Nada obstante, devemos ter a mesma força e coragem para reconhecer as nossas fragilidades e refletir sobre os pontos em que podemos nos aprimorar. Tocar sem medo em feridas e desafios históricos, fugir dos silêncios corporativos, debater problemas que, mesmo refletindo situações excepcionais, acabam ganhando proporções sistêmicas, quase tsunâmicas (como temos visto), abalando a credibilidade de todo o sistema brasileiro de Tribunais de Contas. Ter a sensibilidade e a determinação para seguir as diretrizes orientativas que serão aprovadas neste IV Encontro é fundamental. No entanto, é preciso mais. Precisamos sensibilizar o parlamento nacional e a sociedade para a necessidade premente de criação de um Conselho Nacional próprio para os Tribunais de Contas. Além de poder ser um eficaz instrumento de diminuição de nossas diferenças, funcionará como um poderoso e efetivo filtro ético contra aquela minoria que teima em não trilhar o caminho republicano, esperado de todo agente público, mormente daqueles a quem a Constituição delegou a sublime missão de ser o guardião-mor do princípio republicano e da probidade da gestão. Não existe Estado sem controle, como também não deve existir Controle sem controle, como já alertavam os gregos antigos e o poeta e retórico romano Juvenal, em suas famosas "As Sátiras".

Da mesma forma, é nosso dever exortar e, ao mesmo tempo, alertar a todas as autoridades públicas competentes para a indicação de membros para os Tribunais de Contas que a sociedade não vai aceitar indicações avessas aos requisitos constitucionais, especialmente a idoneidade moral e a reputação ilibada. Na linguagem dos atuais "Chicos de Matildes", é dizer: para ser um membro de Tribunal de Contas, o indicado tem que ser, antes de tudo, um cidadão de bem! A adoção dos critérios da lei da ficha limpa, como um dos atributos dessa idoneidade, é também medida urgente. E nada mais lógico, porque são os membros de Tribunais de Contas que, na prática, avalizam grande parte da ficha pregressa de todos os agentes públicos. E quando essas peneiras republicanas não forem suficientes, restará aos próprios Órgãos Plenários dos nossos Tribunais, antes da posse formal dos novos membros indicados, aferir a fiel observância dos competentes requisitos constitucionais.

Outro tema ainda merece a nossa reflexão. Sabe-se que o modelo de composição dos Tribunais de Contas, ao mesclar uma minoria de membros de origem de carreiras técnicas e uma maioria de membros indicados pelo Poder Legislativo, é considerado, por muitos, como avançado e moderno. O primeiro desafio que se nos impõe, portanto, além de cobrar a fiel observância dos requisitos constitucionais, é zelar pela efetividade dessa composição multidisciplinar. Com efeito, passados mais de 25 anos da promulgação da CF-88, alguns Tribunais de Contas ainda não contam com membros oriundos da carreira de Auditor ou do Ministério Público de Contas. Nada obstante, a sociedade cobra de nós um debate mais profundo sobre o próprio modelo constitucional de composição. Aqui neste Encontro, talvez de forma inédita, e com a firme convicção de estarmos cumprindo dever republicano, teremos a oportunidade de amadurecer nossa visão sobre este tema, de forma democrática e transparente. Ao fim, teremos diante de nós a oportunidade histórica de avançarmos a partir de remadas mais largas para conquistarmos definitivamente o nosso maior tesouro institucional: a confiança do cidadão brasileiro.

Finalizo conclamando a todos aqui presentes a continuarmos combatendo o bom combate institucional. Não há mais tempo a perder. O farol da cidadania ilumina o nosso mar revolto e nos aponta a rota mais promissora. As pedras e os arrecifes são muitos, porém todos estão devidamente mapeados. As velas da jangada estão erguidas. Cabe a nós calibrar o leme do nosso destino institucional, aproveitando os ventos sociais e as benfazejas ondas republicanas. Precisamos ser determinados, pondo um olho no passado, para não esquecer a coragem histórica do jangadeiro cearense Francisco José do Nascimento, e o outro olho no futuro, para exortar e se inspirar na sabedoria de sua conterrânea, não menos famosa, Rachel de Queiroz, para quem: "A vida sem sonhos é muitíssimo mais fácil. Sonhar custa caro. E não digo só em moeda corrente do País, mas daquilo que forma a própria substância dos sonhos."

Sejam todos bem-vindos e muito obrigado!

DISCURSO DE POSSE NA PRESIDÊNCIA DA ATRICON (1º MANDATO)

Brasília, março de 2014

Saudação Especial ao Presidente Nardes (Olacefs) e ao TCU, por nos receber em seu Plenário, mas, sobretudo, por todos os gestos de aproximação e parcerias com os Tribunais de Contas estaduais e municipais, especialmente por meio do Projeto Auditorias Coordenadas e do estímulo à Cooperação Internacional.

Saudação Especial ao Presidente do IRB, Cons. Sebastião Helvécio. Tenho certeza de que, com o apoio de sua Diretoria, dos Tribunais de Contas, e o apoio irrestrito e solidário da Atricon, deixará um grande legado para essa importante instituição, nossa principal parceira de caminhada e principal fonte de produção e compartilhamento do conhecimento voltado ao aprimoramento do Controle Externo.

Saudação Especial a todos os ex-Presidentes da Atricon e a todos os demais membros de sua direção. Permitam-me homenageá-los nas pessoas dos meus sempre Conselheiros, e também fraternos amigos, Thiers Vianna Montebello e Antônio Joaquim de Moraes, a quem temos a responsabilidade e a honra de suceder. Homenagem para a qual busco o adequado texto do pensador latino José Ingenieros, quando fala sobre as qualidades do que ele denomina "Homens excelentes":

> Nunca se obstinam no erro, não traem, nunca, a verdade. Ignoram o impudor da inconstância e a insolência da ingratidão. Vão contra os obstáculos, e enfrentam as dificuldades. São respeitosos na vitória e se dignificam na derrota: como se, para eles, a beleza estivesse na liça, e, não só no resultado. Sempre, invariavelmente, olham para o alto e para longe.

Vossas Excelências, Antônio Joaquim e Thiers Montebello, cada um com seus próprios estilos, sempre olharam para o alto e para longe. São referências! Continuem nos ajudando e recebam o nosso profundo agradecimento.

A inspiração republicana

Permitam-me uma breve viagem pelo nosso tempo institucional. Voltemos ao principal fio da história dos Tribunais de Contas brasileiros. Estamos no final do Século XIX. O ideal republicano toma conta do país e é neste propício e efervescente contexto histórico que muitos brasileiros sonharam criar uma instituição autônoma, incumbida de zelar pela solidez do novo regime, aquele em que cada homem público seria obrigado a cumprir o mais sagrado dos novos deveres: o dever de prestar contas.

O reforço da democracia

Conquanto tenha havido iniciativas no período imperial, o sonho da criação do Tribunal de Contas só seria concretizado em 1890, a partir do esforço hercúleo do nosso patrono-mor, Rui Barbosa, e de outros grandes brasileiros idealistas, a exemplo de Serzedello Corrêa. Passados esses 124 anos, resta a convicção de que os nossos idealizadores ficariam satisfeitos com a nossa evolução institucional. Peço licença para recorrer à imaginação. Imagino que estes dois *repúblicos*, ao refletirem sobre as circunstâncias que marcaram a vida nacional neste período, concluiriam que a falta de democracia e de liberdade plenas, em, pelo menos, noventa desses últimos 124 anos, foi o principal estorvo a nossa consolidação institucional em menor tempo. Concluiriam que o amálgama da evolução institucional de uma Nação é formado pela conjugação de liberdade e democracia. Na falta de uma delas, o sistema entra em colapso e o preço dessa entropia-escuridão é o sacrifício de uma ou de mais gerações. Este "cálice", nunca mais!

Não seria surpresa, então, concluírem que o período mais fértil para os nossos Tribunais de Contas tenha surgido exatamente em meados da década de oitenta do século passado, quando a pátria-mãe, que andava há tempos distraída, mergulhada em tenebroso inverno, convocou os seus filhos, aqueles que não costumam fugir à luta, e trouxe de volta a democracia e a liberdade, que permitiram a construção de um novo e sólido pacto social: a Constituição Cidadã de 1988.

Os Tribunais de Contas ganharam competências mais robustas. Ao tradicional controle da legalidade dos atos de gestão, próprio do sistema de controle latino, foram acrescidas novas competências, a exemplo do controle dos resultados e da eficiência das políticas públicas, originários do sistema anglo-saxão. Avançou-se no controle preventivo. Conferiu-se status constitucional ao cargo de Auditor (Ministro e Conselheiro Substituto) e aos Procuradores do Ministério Público Especial, reservando-se vagas, para as referidas carreiras, no colegiado.

A Atricon na defesa institucional

É justamente neste contexto de fortalecimento dos Tribunais de Contas que foi criada a Associação dos Membros dos Tribunais de Contas do Brasil – a Atricon. Embora seja uma instituição voltada à defesa das prerrogativas de seus associados, desde os primórdios a sua vocação vem sendo, prioritariamente, a defesa institucional dos Tribunais. É dever de justiça destacar um importante período da Atricon voltado para essa referida atuação institucional. Reporto-me ao começo da década passada, quando foi editada a importante LRF, que fortaleceu, ainda mais, o papel dos Tribunais como guardiões do equilíbrio fiscal e da transparência da gestão. Fruto desse desafiante contexto, com o apoio do Governo Federal e do BID, veio o Programa de Modernização do Controle Externo Brasileiro – o Promoex, que considero o primeiro grande passo para a concretização do "Sistema Tribunais de Contas".

Ressalto, ademais, um segundo grande ciclo da atuação institucional da Atricon. A proficiente gestão que se encerra, liderada com determinação e muita competência pelo Presidente Antônio Joaquim, deixa uma gama de legados que já estão definitivamente registrados em nossa história. Eis uma breve amostra: o primeiro Planejamento Estratégico da entidade; o projeto de "Avaliação da Qualidade e Agilidade do Controle Externo"; a Rede Infocontas, as parcerias com o IRB, a STN, o MPREV, o CFC, o Ibraop, o Sebrae; a participação ativa da Atricon na Enclla – Estratégia Nacional de Combate à Corrupção e Lavagem de Dinheiro; a defesa da criação de um Conselho Nacional para os Tribunais de Contas e a defesa pública, firme e qualificada, do papel e da relevância institucional dos nossos Tribunais.

Meus senhores, minhas senhoras, autoridades e amigos aqui presentes!

O caminho certo

O nosso maior desafio é seguir o curso institucional dessa exitosa caminhada. A gestão que ora se inicia já nasce fruto de nosso próprio aperfeiçoamento democrático, legitimado pelo respeitoso e qualificado debate eleitoral com o prezado e ilustre Conselheiro Júlio Pinheiro, do TCE-AM. Nossa postura, ao longo dos próximos dois anos, priorizará o compartilhamento das ações com os demais membros da nossa Direção, o Conselho Deliberativo, os associados e com todos os membros e servidores que se disponham a colaborar com essa empreitada. Ações que serão pautadas por dois importantes contextos-recado. O primeiro advém da vontade da grande maioria dos nossos associados, que, no último Congresso, em Vitória, de forma cristalina, nos incumbiu de continuar focando nossas principais iniciativas na luta pela defesa e pelo aperfeiçoamento institucional dos Tribunais de Contas. O outro importante recado surge diretamente da sociedade. O cidadão brasileiro exige, cada vez com menos rouquidão, que os serviços prestados pelo Poder Público sejam éticos, legais, úteis e eficientes. Exige que esses serviços contribuam, de fato, para o bem comum e para melhorar a qualidade de vida dele, cidadão-contribuinte.

Tribunais a serviço da ética, da boa governança e do cidadão

E os Tribunais de Contas, neste valioso contexto, assumem um papel sobranceiro. Primeiro, porque são responsáveis constitucionalmente pela prestação de um serviço público dos mais relevantes: o controle dos atos de governo e de gestão. Depois, porque esse controle incide naturalmente sobre a legalidade e a qualidade de outros relevantes serviços públicos prestados pelo Estado, a exemplo da educação, da saúde, da mobilidade urbana, do meio ambiente e da segurança pública. Cabe um esclarecimento: não se trata de querer se colocar no sagrado papel do administrador, mas sim de acompanhar seus atos, de propor – pedagógica e preventivamente – soluções e correções de ação e, no limite, observados os princípios da presunção de inocência, ampla defesa, proporcionalidade – sem olvidar as circunstâncias de cada situação – responsabilizar com firmeza aqueles que agirem com negligência e, com maior firmeza ainda, aqueles que praticarem corrupção, uma chaga que ainda persiste como uma erva daninha a contaminar a república e a democracia. Enfim, precisamos, cada vez mais, desejar e

DISCURSO DE POSSE NA PRESIDÊNCIA DA ATRICON (1º MANDATO) | 161

sonhar que todos os nossos Tribunais de Contas, sem exceção, estejam a serviço da ética, da boa governança pública e do cidadão.

Somos melhores do que aparentamos

Falei de realidade e de sonhos. Ao tempo em que reconhecemos os avanços e que a nossa imagem institucional melhorou consideravelmente nos últimos anos, não podemos perder a capacidade de sonhar e de evoluir. Acreditar que podemos ser ainda mais compreendidos por todos os segmentos sociais. Afirmo, com segurança, que somos, já hoje, instituições melhores do que aparentamos. Alguns setores evidenciam o desconhecimento; outros, o preconceito. Mas há também os inimigos do controle, que costumam, deliberada e convenientemente, ensaiar falsas cegueiras. Por isso, a premente necessidade de uma eficiente política nacional de comunicação institucional. Uma aproximação maior com a imprensa é fundamental, pois são parceiros estratégicos do controle e da sociedade. Mas é preciso dizer que uma parte da mídia costuma também fazer injustas generalizações, especialmente em relação aos nossos valorosos Tribunais de Contas estaduais e municipais. A Atricon, como já vem fazendo, não quedará inerte. Reagiremos com firmeza. Para cada crítica construtiva, oportunas reflexões. Para todos os preconceitos e inverdades, respostas firmes e tempestivas.

O eterno devir

Por outro lado, é forçoso reconhecer que o estado natural de todas as coisas neste mundo é de permanente devir. A sabedoria milenar nos ensina que a única coisa que não muda é justamente a própria mudança. O rio que atravessamos na ida não é mais o mesmo que cruzamos na volta. O mesmo se dá com os seres humanos e as instituições. A capacidade de não perder o curso da história e de se adequar aos desafios inerentes aos novos tempos é um poderoso atributo dos repúblicos, dos idealistas.

Orgulho do presente, esperanças no futuro

No começo desta mensagem, convidei todos para uma breve viagem ao nosso passado institucional. De lá, chegamos ao nosso presente, repleto de sementes e de muitos frutos já colhidos com sabores de república e de democracia. Para finalizar, convido-os para uma incursão rumo a um futuro não muito distante, estou certo. Para um futuro deste presente, que – como já afirmei, nos orgulha – pode significar o grande e definitivo salto legitimador. E o que os nossos patronos Rui Barbosa e Serzedello Corrêa veriam nesse futuro, que os faria concluir que o sonho da criação do Tribunal de Contas, indubitavelmente, teria valido a benfazeja luta? Voltemos, portanto, a exercitar a nossa imaginação, que, segundo Bernard Shaw, "É o princípio da criação. Nós imaginamos o que desejamos, queremos o que imaginamos e, finalmente, criamos aquilo que queremos". O que veriam nossos patronos idealistas nesse futuro?

- Veriam que todos os 34 Tribunais de Contas brasileiros, paulatinamente, convergiram suas normas de auditoria governamental para os padrões internacionais recomendados pela Intosai. Auditorias planejadas com base em riscos e relevância, o uso intensivo da tecnologia da informação, ações integradas de inteligência, fiscalização concomitante, julgamentos céleres, características que, aliadas à independência funcional e à capacitação permanente de seus quadros, passaram a ser atributos-padrão em todos os nossos Tribunais;
- Veriam que a integração efetiva e respeitosa entre os órgãos de controle, em especial o Ministério Público, o Controle Interno e entre os próprios Tribunais de Contas tornou-se uma prática efetiva e harmoniosa, como sói acontecer nas orquestras mais afinadas. Veriam, por exemplo, que o valoroso projeto de Auditorias Coordenadas, promovido pelo TCU, e com o apoio decisivo dos Tribunais de Contas dos Estados e dos Municípios, já estava em sua quinta edição, focando mais um tema de relevante interesse social e contribuindo para o aperfeiçoamento da governança e das políticas públicas;
- Veriam, que a atuação preventiva dos Tribunais de Contas, especialmente por meio das medidas cautelares sobre atos de gestão – um dos mais significativos avanços para a efetividade do controle –, depois de legítimos contraditórios, alcançou o ponto de equilíbrio entre o tempo da gestão e o tempo do controle. O Estado-Gestor compreendeu que o controle é parte inerente à boa e segura governança e os Tribunais, por sua vez, perceberam que a sua atuação preventiva deve ser prudente e concluída no menor tempo possível;
- Veriam como corretos e pertinentes os posicionamentos públicos da Atricon em defesa do fiel cumprimento dos requisitos

constitucionais para a escolha dos membros dos Tribunais de Contas, especialmente em relação à idoneidade moral e à reputação ilibada (pensariam: como não exigir – para nós mesmos, controladores – a observância dos critérios da lei ficha limpa?); veriam ainda, como fundamental, a firme atuação da Atricon na defesa pública e jurídica da máxima e urgente efetividade da regra constitucional que prevê a participação dos membros oriundos das carreiras no colegiado. Concluíram ter sido inadmissível que, passados 26 anos da promulgação da Lei Maior, ainda houvesse uma minoria de Tribunais sem a composição dos seus colegiados, nos exatos termos desejados pela Constituição;

- Veriam o avanço no disciplinamento nacional das funções dos membros Auditores (Ministros e Conselheiros Substitutos), especialmente em relação às suas atribuições constitucionais da judicatura e à consolidação de sua independência funcional, com a extensão dos mesmos direitos de seus semelhantes na magistratura, em sintonia lógica com o já consignado, desde 1988, para Ministros e Conselheiros; veriam o avanço na precisa definição da topografia institucional e das atribuições dos Procuradores do Ministério Público Especial. Depois de um diálogo respeitoso e transparente, com a participação de suas entidades representativas, todos os Tribunais de Contas reconheceram a necessidade de garantir efetivamente, com todos os meios e recursos a eles inerentes, a verdadeira independência funcional dos membros desse fundamental *Parquet* Especial;

- Veriam que a Atricon e a maioria dos membros dos Tribunais que defendiam a criação do seu próprio órgão nacional de controle externo estavam no caminho certo. Veriam que o diálogo republicano entre os Tribunais de Contas, o Parlamento e a Sociedade, respeitado o princípio federativo, fortaleceu o "Sistema Tribunais de Contas", por meio de um padrão de atuação mais uniforme e condicionado ao atendimento de metas e resultados, sem falar que a responsabilização ética daquela minoria de membros que ousavam desviar-se da tábua republicana se tornou mais efetiva e rápida, evitando constrangimentos pessoais e preservando o respeito e a confiança na instituição;

- Veriam que os Tribunais de Contas brasileiros passaram a ser proativos e sempre ouvidos quando da apresentação de propostas relacionadas à gestão pública e ao seu controle, mitigando, assim, as chances de que novos regramentos fossem aprovados sem o aprofundamento dos debates dos seus conteúdos, a exemplo do que acontecera no passado com a bem intencionada lei anticorrupção, que, sem lógica e razão aparentes, ignorou o controle externo e criou procedimentos administrativos anacrônicos que mitigaram sua efetividade;
- Concluiriam, portanto, que a opção histórica da Atricon, por priorizar a causa institucional dos Tribunais de Contas, fora completamente justificada. Ao final, os nossos idealistas se emocionariam ao lerem, com a lupa transparente dos estadistas, uma pesquisa nacional revelando que a grande maioria dos cidadãos brasileiros confia nos Tribunais de Contas e os enxergam como instituições fundamentais à defesa da democracia, da república, da eficiência, da ética e da qualidade dos serviços públicos prestados a ele, soberano, cidadão.

Vamos precisar de todo mundo

A síntese desse futuro sonhado, entretanto, não é trazida neste momento como verdade absoluta. Seguindo o exemplo e os ensinamentos de meus pais e antepassados, nunca me cativou a autossuficiência das verdades definitivas. Trata-se de uma reflexão feita de boa-fé por um servidor público que se orgulha e vive o dia a dia dos Tribunais de Contas há precisos 23 anos. Da mesma forma, tenho a exata compreensão de que os compromissos aqui ratificados e propostos, caso acolhidos, não serão realidade por obra de um único ou de poucos sonhadores. É sonho possível e, se assim o é, há de ser um sonho coletivo, sonhado junto. Como diz a canção: "vamos precisar de todo mundo", de todos aqueles homens e mulheres que cruzam os destinos dessa grande Nação, da nascente do rio Ailã, no Monte Caburaí, à curva do arroio Chuí; da vista deslumbrante da Ponta do Cabo Branco à nascente do rio Moa, na serra da Contamana. Convido, pois, todos os brasileiros aqui presentes, em corpo e em alma, para nos ajudar – com trabalho, coragem, determinação, diálogo, críticas construtivas, serena paciência e humildade – a tornar esse "futuro sonhado" o "agora real" de um amanhã que, em verdade, já se descortinou há algum tempo.

Encerro com a sabedoria transformadora de Érico Veríssimo: "Quando os ventos da mudança sopram, algumas pessoas levantam barreiras, outras constroem moinhos de vento".

Cérebros e mãos à construção de novos moinhos de vento!

DISCURSO DE POSSE NA PRESIDÊNCIA DO TRIBUNAL DE CONTAS DO ESTADO DE PERNAMBUCO – TCE-PE

Recife, janeiro de 2014

"Tempo, tempo, tempo, tempo... compositor de destinos...".

Há 22 anos, cheguei ao solo fértil do Recife: chão de oportunidades republicanas, "pedacinho do Brasil", cheio de encantos mil e de "belezas soberbo estendal", de um "povo coberto de glórias", que, até hoje, é "a guarda avançada, sentinela indormida", "fonte da vida", da "história" e do "porvir".

O meu ingresso no TCE remonta a um contexto da vida nacional marcado, eu diria, pelo primeiro grande ciclo de avanços institucionais. Não obstante as inseguranças, próprias de um período de transição, dos malefícios da superinflação, que corroía salários e impedia planejamentos e investimentos, da precariedade dos nossos indicadores macroeconômicos e sociais, sem esquecer os traumas, ainda recentes, do período militar; não obstante todos esses ingredientes, da natureza daqueles encontrados na mitológica "Caixa de Pandora", o fato é que a semente da esperança, chegando de "blusa amarela", plantada na árdua luta pela redemocratização de nosso país, germinava, "batia panelas", "descia as favelas" e já dava seus primeiros frutos. A onda democrática, que teve como marco o movimento das "Diretas Já", culminou com a colheita do seu fruto fundamental: a Constituição de 1988, que fortaleceu as liberdades, assegurou eleições diretas e estabeleceu um primoroso arcabouço legal em relação aos direitos individuais e sociais e aos princípios norteadores da conduta dos agentes públicos.

Os Tribunais de Contas brasileiros – como instituições que compõem o alicerce democrático e republicano da Nação – adquiriram novos espaços, novas atribuições e novos desafios, com vistas a zelar pela correta aplicação dos recursos do povo e a colaborar com os gestores para que as políticas públicas pudessem ser eficazes e, de fato, mudar, para melhor, a vida das pessoas.

Pernambuco, mais uma vez, não fugiu à luta. O "Edifício TCE", que já vinha desempenhando um importante papel desde a sua fundação, ganha reforço em sua base, andares mais altos e paredes mais sólidas, com o advento da nova Carta Cidadã. Desde então, os avanços foram imensuráveis e saltam aos olhos daqueles que conhecem e acompanham a nossa atuação. Para não me delongar, permito-me citar os principais degraus institucionais construídos, nos últimos 25 anos: a realização de novos concursos públicos para a consolidação de um quadro de servidores de excelência reconhecida; a implantação de um planejamento estratégico, com definição de objetivos e metas para todos os servidores da casa, inclusive para os Conselheiros, monitorados diariamente pela eficiente Corregedoria; a criação das Inspetorias Regionais; a instituição do principal braço educador do TCE – a reconhecida Escola de Contas Públicas Professor Barreto Guimarães – e da Ouvidoria, um poderoso canal de comunicação direto com o cidadão. Não esqueçamos, ademais, que fomos um dos primeiros Tribunais do país a nos adequar ao modelo constitucional que prevê a atuação e participação, no Colegiado, dos Conselheiros Substitutos e dos membros do Ministério Público de Contas.

Com efeito, trata-se de uma obra construída coletivamente, em que todos colaboraram e, não tenho dúvidas, continuarão a colaborar. Cérebros e mãos sempre a postos para o aperfeiçoamento do edifício institucional, desde os mais ilustres "mestres" aos mais simples "operários". E para homenagear todo o legado das gestões anteriores e, ao mesmo tempo, agradecer a todos os eminentes Conselheiros que me deram a honra e a confiança de Presidir o TCE pelos próximos dois anos, faço-o em nome de nossa Conselheira e amiga, Teresa Duere. Feliz do Tribunal que pôde ter no comando do seu "timão" uma servidora pública do calibre de Maria Teresa Caminha Duere, que acaba de nos brindar com uma gestão primorosa e de grandes avanços institucionais. Mas, devo dizer que não foi nenhuma surpresa. Como indica seu próprio sobrenome, Teresa "Caminha" sempre enxergando longe; ela também é "Maria" e, como diz a canção, tem o dom e uma certa magia, tem força, raça, traz no corpo as marcas da dor e da alegria, mas é dela também a estranha mania de ter fé na vida e a certeza de que é preciso ter sonho sempre! Obrigado, Teresa! Você pode até ser "da praia", mas sabemos muito bem que você "é nossa também".

Meus prezados e queridos amigos e convidados. É hora de, objetivamente, fazer algumas reflexões sobre os desafios de um futuro que, a rigor, já bate à nossa porta. Se o Brasil, suas instituições e os Tribunais de Contas superaram enormes desafios desde a redemocratização; se a estabilidade monetária foi conquistada e a cultura da responsabilidade fiscal e da transparência foi aperfeiçoada; se as desigualdades sociais foram minoradas, com a inclusão de milhares de brasileiros ao mercado de trabalho e consumidor, é forçoso reconhecer que ainda precisamos avançar muito para atingirmos indicadores éticos, sociais e econômicos, em todas as áreas e setores, semelhantes aos dos países mais desenvolvidos. Ao Estado – e, por que não dizer, aos Órgãos de Controle, a exemplo dos Tribunais de Contas – cabe a missão de promover a satisfação do "bem comum". O recado que ouvimos das ruas e dos cidadãos, cada vez mais esclarecidos e cientes dos seus direitos e deveres, é que devemos prestar serviços de melhor qualidade, seja na educação, na saúde, na segurança, na mobilidade urbana, na Justiça e também no exercício efetivo do controle. Não há caminho de volta: ou envidamos os nossos esforços nessa trilha republicana para garantir uma melhor governança dos recursos públicos – governança essa calcada, entre outros atributos, na probidade e na responsabilidade da gestão, no planejamento, na eficiência, no dever de prestar contas, de promover a transparência e de fomentar a participação direta do cidadão na elaboração e na fiscalização das políticas públicas – ou estaremos fadados a ampliar, ainda mais, o hiato entre o Estado e a Sociedade, contexto propício a aventuras antidemocráticas e ao surgimento de falsos salvadores da pátria. Já vimos esse filme e não fazemos questão alguma de "replay".

Estou certo de que estamos maduros para enfrentar esses enormes desafios. Não posso esquecer o significado histórico e, ao mesmo tempo, a responsabilidade institucional pelo fato de ser o primeiro Presidente do TCE originário, com muito orgulho, do quadro dos servidores desta casa. Estejam certos de que procurarei empreender o melhor de meus sonhos, de minha energia e do meu entusiasmo para honrar a minha história e a minha origem. Como enfatizei ao longo destas linhas, o objetivo fundamental de promover o exercício consequente do controle externo aliado à melhoria da governança pública é empreitada coletiva, facilitada pela presença, no nosso Conselho, de membros já experientes no exercício do controle externo, na administração pública, na advocacia e na nobre arte da política parlamentar. É esse amálgama multidisciplinar, ancorado no equilíbrio, no respeito à dialética e na harmonia institucional de seus membros, aliado à fortaleza de seu quadro de servidores, que colocaram – e manterão – o TCE-PE no pelotão de vanguarda das instituições nacionais de controle.

A propósito, preciso dizer que o desafio será dobrado nos próximos dois anos. Com o apoio incondicional do nosso TCE, terei a honra de também presidir a *Associação Nacional dos Membros dos Tribunais de Contas do Brasil (Atricon)*, uma entidade que nos últimos tempos, especialmente na gestão do seu atual Presidente, Conselheiro Antônio Joaquim (TCE-MT) – que, ao lado de colegas de igual coragem, competência e determinação, a exemplo do Vice-Presidente, meu fraterno amigo e Conselheiro Thiers Vianna Montebello –, pautou sua gestão na defesa do fortalecimento institucional dos Tribunais de Contas, na luta pela criação do nosso Conselho Nacional, nos moldes do que já existe para o Poder Judiciário, e na defesa da manutenção e ampliação das competências constitucionais dos Tribunais. A Atricon, hoje, é o principal catalisador da consolidação do "Sistema Tribunais de Contas", cujo objetivo precípuo é lutar pelo aperfeiçoamento do modelo de Controle Externo com vistas a estabelecer um padrão de atuação o mais efetivo e uniforme possível entre todos os Tribunais de Contas do Brasil. Procurarei honrar a confiança de todos aqueles que compreenderam que as nossas propostas visavam manter a Atricon no mesmo caminho certo que já vinha trilhando. Esta tarefa também estará alinhada à relação fraterna e coirmã com o Instituto Rui Barbosa, cuja parceria será fundamental para o fortalecimento institucional e conceitual da atuação dos Tribunais de Contas.

Mas é hora de falar de planos, prioridades e compromissos.

Falo inicialmente do nosso papel pedagógico, do "TCE Educador", do Tribunal que procura apoiar os administradores públicos, especialmente aqueles gestores dos rincões mais pobres. Além das ações já desenvolvidas pela nossa Escola de Contas, inspirado numa experiência do TCE mato-grossense, pretendo sensibilizar a nossa instituição para levarmos a esses gestores dos municípios com menores IDHs um programa que chamarei de "TCEndo Planejamento". É sabido que um dos principais atributos para uma boa gestão é a existência de um planejamento estratégico construído a partir de ferramentas técnicas e científicas. Meu prezado Governador Eduardo Campos, o reconhecimento local, nacional e internacional do Governo de

Vossa Excelência, além, claro, de sua formação, de sua capacidade de trabalho e de seu singular talento político, deve-se muito ao modelo de planejamento de sua gestão, reconhecido e copiado nos quatro cantos desse imenso país e que tem sido decisivo para que o nosso estado venha crescendo, nos últimos anos, a uma taxa maior do que a da média nacional. Convido, pois, Vossa Excelência, por meio de sua Secretaria de Planejamento, da Universidade Estadual de Pernambuco e das Escolas de Governo, sem esquecer a importante Associação Municipalista de Pernambuco (Amupe) –, a se unirem ao TCE em mais essa ação transformadora, iniciativa que pretende propiciar a esses gestores o manuseio correto de uma "rede" sólida que lhes permitirá construir políticas públicas estruturadoras, com definição de objetivos, indicadores, metas e responsabilidades, para, ao final, pescarem os "peixes" do desenvolvimento e do progresso econômico e social sustentável.

Comparado a outros Tribunais de Contas, o TCE-PE exerce uma atuação fiscalizadora que também é referência e exemplo. Nada obstante, procuraremos avançar no quesito qualidade e agilidade das nossas auditorias, buscando convergir, cada vez mais, para os padrões internacionais recomendados pela *Organização Internacional de Entidades Fiscalizadoras Superiores (Intosai)*, entidade reconhecida e com *status* especial junto à ONU. Tudo isso aliado ao uso intensivo da tecnologia da informação, de modelos que levem em conta o risco e a relevância, de inteligência, do controle preventivo equilibrado e ágil (aquele que concilia de maneira racional o "tempo da gestão" e o "tempo do controle"), da fiscalização em tempo real da execução orçamentária e dos contratos, da troca de informações e de atuações conjuntas e estratégicas com outros órgãos de controle, a exemplo da Alepe, do Ministério Público, do Controle Interno, do TCU e de outros Tribunais de Contas Estaduais e Municipais, sem esquecer o Poder Judiciário, em especial a Justiça Eleitoral, parceira fundamental para a efetividade da "Lei Ficha Limpa" e, consequentemente, para a melhoria da qualidade da gestão e da democracia brasileira.

Não descuidaremos, também, nas nossas ações de controle, do profundo respeito aos ditames constitucionais relativos ao cuidado com o meio ambiente, desde a gestão sustentável dos recursos utilizados nas nossas atividades quanto no foco do controle das entidades que formam parte do nosso escopo de atuação, direta e indiretamente relacionadas com a temática ambiental.

Com esses focos bem definidos, asseguro que aqueles gestores públicos de boa-fé, que, não tenho dúvidas, são a grande maioria, notadamente aqueles vinculados às instituições menos estruturadas, podem contar com um Tribunal parceiro, que saberá compreender as dificuldades dos contextos econômicos e federativos e ajudar a encontrar a melhor solução, clareando os labirintos legais e burocráticos com a luz da razoabilidade e a lanterna do educador. A mesma mão parceira, no entanto, não será estendida para aquela minoria de gestores que eventualmente ajam deliberadamente ao arrepio da lei e do interesse público. A estes, que se valem do poder público em benefício próprio e que praticam o pecado capital da corrupção, o mais grave da sagrada "Tábua Republicana", muitas vezes com a cumplicidade de agentes privados, a estes digo que fiquem cada vez mais preocupados, pois estaremos trabalhando dia e noite para responsabilizá-los com firmeza e de forma exemplar.

O dever da transparência, de prestar contas à sociedade, de estimular o controle social, bem como a certeza de que, por mais que tenhamos avançado nos últimos anos, ainda somos uma instituição pouco conhecida e compreendida, nos obriga a continuar lutando para dialogar melhor com a sociedade. Ouso dizer que, mesmo diante das imperfeições institucionais, imanentes a todas as entidades públicas e privadas, nós, Tribunais de Contas, somos melhores do que aparentamos. Precisamos deixar claro para o cidadão, especialmente para aquela grande maioria que não nos conhece de perto, que os resultados de nossas ações, seja no exercício do papel de fiscalizador/julgador, seja no papel de orientação, estão diretamente relacionados à sua vida cotidiana, pois todas as ações do TCE visam assegurar a legalidade e a qualidade dos serviços que o Estado presta ao cidadão. Com esse fim, almejamos e trabalharemos para que o resultado da atuação do TCE cada vez mais contribua para a melhoria da qualidade dos serviços prestados na educação, na saúde pública, na segurança, no transporte público, no saneamento, na sustentabilidade do meio ambiente... Para contar com a participação do cidadão e da sociedade em geral nesta empreitada, é imperioso que continuemos a investir em comunicação de qualidade, por meio do aperfeiçoamento contínuo de nossos "Portais de Transparência" e do uso eficaz das novas mídias sociais, sem esquecer a parceria fundamental e histórica com todos os meios de comunicação: jornais, rádios, TVs, revistas, *blogs*...

Contextualizamos os cenários, falamos do passado, das conquistas, dos planos e dos novos desafios. E neste momento me dirijo diretamente àqueles agentes que serão, como sempre o foram, a essência e a semente de todas as nossas históricas transformações institucionais, àqueles que põem – discreta e silenciosamente, amiúde – mentes e corações a serviço do TCE e da causa republicana que o inspira, desde os ensinamentos de nosso patrono-mor, Rui Barbosa. Falo a todos os servidores da casa e às suas legítimas e respeitáveis entidades representativas. Ao tempo em que nos orgulhamos das boas condições de trabalho que conquistamos ao longo dos últimos vinte anos, não tenham dúvidas de que tanto a Presidência, como os demais Conselheiros, e todo o corpo gerencial, não medirão esforços para avaliar, dentro da moldura da legalidade, da equidade e da responsabilidade fiscal, e a partir de um diálogo franco, equilibrado e respeitoso, todas as legítimas reivindicações, assim como as sugestões atinentes à gestão interna e ao aperfeiçoamento do nosso poder fiscalizador. Também não mediremos esforços com vistas a sensibilizá-los para a relevância social do múnus público que exercem, na certeza de que todas as ações que desempenham no dia a dia, por mais singelas que sejam, caminham no sentido de promover transformações sociais e culturais importantes. Não há registros de instituição ou entidade, pública ou privada, que tenha alcançado êxito sem que todos os atores envolvidos tivessem plena consciência de que integram um sistema principal, cujo propósito final está diretamente relacionado a uma causa maior de natureza social e ética. É confortante também a certeza de que contaremos com esta mesma atitude, motivação e compromisso por parte daqueles que já prestam relevantes serviços ao TCE: os Conselheiros Substitutos e os membros do Ministério Público de Contas. Para favorecer essa costumeira postura proativa, também a esses agentes públicos especiais procuraremos, dentro dos limites legais e orçamentários, assegurar uma melhor estrutura administrativo-organizacional, que, decerto, propiciará maior efetividade no exercício de suas mais nobres atribuições constitucionais.

Chego aos "finalmentes".

Quando há alguns dias eu refletia sobre o conteúdo deste discurso e até mesmo no dia de ontem, quando finalizava este texto, constatei que nenhuma circunstância, fatos, ações ou desafios aqui menciona-dos, tanto em relação ao Estado-Gestor, como ao Estado-Controlador, aos Servidores e ao próprio Cidadão, foi ou será realizado a partir de um esforço individual. Parceria, colaboração, diálogo, construção coletiva (respeitando-se, claro, o poder inovador, o papel de cada um e o necessário contraditório) sempre foram as variáveis fundamentais para a resolução até mesmo daquelas equações que se mostravam, em princípio, impossíveis. Lembrei-me, então, de Nelson Mandela, símbolo universal da luta pela paz e pela liberdade, e de uma palavra africana que ele sempre usava: UBUNTU, que, mesmo não tendo uma tradução direta, numa só palavra, para o português (porque, na verdade, trata-se de um "sentimento de humanidade") pode ser traduzida pela expressão: "Sou quem sou, porque somos todos nós!". Segundo Mandela, "o UBUNTU não significa que uma pessoa não se preocupe com o seu progresso pessoal. A questão é: o meu progresso pessoal está ao serviço do progresso da minha comunidade? Isso é o mais importante na vida. E se uma pessoa conseguir viver assim terá atingido algo muito importante e admirável". Reflitamos, pois, todos nós: servidores, gestores, conselheiros, autoridades, empresários, cidadãos!

O tempo, aquele mesmo compositor de destinos, me alerta que preciso finalizar de verdade! Mas necessito ainda fazer o principal: Agradecer! A Deus pelo dom da vida, pelas graças alcançadas e pela serenidade e resignação para enfrentar os inevitáveis desertos; agradecer à minha querida família, esteio de todas as horas (minha Mãe, Cidinha, minha esposa, Dalva, minhas filhas, Bárbara e Beatriz, meus irmãos, Yara, Inalda, Istênio, Ilma e Ilka, meus tios, sobrinhos e primos...); à legião de amigos fraternos que me acolheram em terras pernambucanas, aos amigos e colegas servidores do TCE, aos fraternos amigos Conselheiros e Substitutos que vieram de muitos recantos desse Brasil e a todos aqueles homens e mulheres que me honraram com a presença neste dia tão especial.

Encerro, ainda inspirado no sentimento UBUNTU, com a poesia, não menos humanista, de Gonzaguinha, intitulada "Caminhos do Coração", a qual dedico a todos vocês, a todas as belas terras por onde vivi e passei e a todas as pessoas em que nelas encontrei; dedico-a à minha sempre querida e inesquecível terra natal, Luís Gomes, no sertão do RN ("Ai que saudades que eu tenho da aurora dos meus oito anos..."), à Paraíba, que nunca me "negou" hospitalidade e exemplos e, como não poderia deixar de ser, dedico-a a Pernambuco, que me ensina todos os dias a arte de combater o bom combate, a certeza de que podemos voar no limite do improvável, tocar o inacessível chão e que não há sonho impossível!

Caminhos do coração

Há muito tempo que eu saí de casa
Há muito tempo que eu caí na estrada
Há muito tempo que eu estou na vida
Foi assim que eu quis, e assim eu sou feliz
Principalmente por poder voltar
A todos os lugares onde já cheguei
Pois lá deixei um prato de comida
Um abraço amigo, um canto prá dormir e sonhar
E aprendi que se depende sempre
De tanta, muita, diferente gente
Toda pessoa sempre é as marcas
Das lições diárias de outras tantas pessoas
E é tão bonito quando a gente entende
Que a gente é tanta gente onde quer que a gente vá
E é tão bonito quando a gente sente
Que nunca está sozinho por mais que pense estar
É tão bonito quando a gente pisa firme
Nessas linhas que estão nas palmas de nossas mãos
É tão bonito quando a gente vai à vida
Nos caminhos onde bate, bem mais forte o coração.

PARTE III

ENTREVISTAS

ENTREVISTA PARA A *REVISTA DO TRIBUNAL DE CONTAS DO ESTADO DO MATO GROSSO* – TCE-MT

Agosto de 2017

A Atricon propôs ao Congresso Nacional o texto de uma nova PEC para criação do Conselho Nacional dos Tribunais de Contas e também mudanças na composição destes órgãos. O senhor pode detalhar a proposta?

Antes de tudo, é preciso dizer que a criação de um Conselho Nacional para os Tribunais de Contas é uma bandeira antiga da Atricon. A criação de um Conselho Nacional está em estreita consonância com os esforços empreendidos pela Atricon, desde a gestão do conselheiro Antonio Joaquim, no aprimoramento institucional do sistema Tribunais de Contas. O texto base da PEC que levamos ao Congresso Nacional prevê não apenas a criação deste conselho, mas o estabelecimento de novas regras de composição dos Tribunais de Contas. O CNTC, em primeiro lugar, terá quatro atribuições básicas: a) processar e responsabilizar os membros dos Tribunais de Contas (ministros, conselheiros e seus substitutos) por irregularidades e desvios éticos; b) fiscalizar os atos de gestão administrativa e financeira dos Tribunais; c) estabelecer metas nacionais de desempenho; e d) dar transparência máxima, por meio de um Portal na Internet, aos atos de gestão e da fiscalização exercida pelos Tribunais. Além disso, o CNTC terá uma câmara com a função de uniformizar a jurisprudência sobre temas de repercussão nacional. Seu impacto sobre as contas públicas será pequeno, já que funcionará no TCU, não haverá remuneração para seus integrantes e o custeio de eventuais deslocamentos será feito pelas entidades nele representadas. As sessões acontecerão em ambiente virtual, preferencialmente.

Quanto à composição, nossa proposta é garantir a maioria das vagas nos Tribunais de Contas, incluindo TCU, para as carreiras técnicas, ampliando as indicações dos membros substitutos (Ministros e Conselheiros Substitutos). Indicados pelo Legislativo terão de ter passado por uma quarentena de três anos antes da nomeação para o Tribunal de Contas. Não poderão ter sido condenados judicialmente, mesmo em primeira instância, nem ter tido contas reprovadas. Deverão ter graduação nas áreas jurídica, contábil, econômica e financeira ou de administração pública. Por fim, será preciso maioria absoluta para aprovação do nome indicado. É importante dizer que não podemos, sob pretexto algum, discriminar aqueles membros que são indicados pelo Legislativo. Nosso objetivo, com tudo isso, é blindar os Tribunais de contas de indicações que atendam a propósitos políticos-partidários ou que deixem de observar os requisitos de idoneidade, experiência e conhecimento técnico.

Em que essa proposta se diferencia das outras que já tramitam no Congresso Nacional sobre o mesmo tema, como a PEC nº 329?

A proposta que apresentamos traz uma composição para o CNTC bem avançada, que inclui a presença de um representante de cada uma das carreiras técnicas dos Tribunais de Contas (Membro Substituto e Procurador de Contas) e da OAB e dois cidadãos, além de dois Ministros do TCU e quatro Conselheiros. Esse modelo permite a equidistância necessária para tornar efetivo o controle disciplinar e administrativo-financeiro dos Tribunais. Quanto aos custos, a proposta terá pouco impacto fiscal, pois as despesas irão ser rateadas pelas entidades representadas no Conselho.

É verdade que a PEC nº 329 apresenta pontos válidos, como a garantia da autonomia dos Ministérios Públicos de Contas – apesar de ser um aspecto que certamente onerará os orçamentos federal e estaduais, mas, em minha opinião, a questão dos custos não deva ser encarada como um dogma, sob pena de invalidar aspectos importantes de qualquer proposta. No entanto, discordamos quanto a inserir os Tribunais de Contas no CNJ. Além de ser manifestamente inconstitucional, por afronta aos princípios constitucionais da separação dos poderes e autonomia, os membros do CNJ não estariam habilitados para exercerem atribuições, por exemplo, sobre o desempenho dos Tribunais de Contas, pois não têm qualquer experiência em processo de

ENTREVISTA PARA A *REVISTA DO TRIBUNAL DE CONTAS DO ESTADO DO MATO GROSSO – TCE-MT* | 181

contas e desconhecem a realidade do controle externo. Há ainda uma incongruência insuperável neste ponto: o CNJ, que é, segundo o STF, o controle interno do Poder Judiciário, fiscalizaria o TCU, enquanto o TCU também fiscalizaria, por força do artigo 71, II, da CF, a gestão do CNJ?

A Atricon tem priorizado seus esforços no aprimoramento institucional do sistema. Esse momento de crise institucional é também uma oportunidade de aperfeiçoamentos no controle externo brasileiro?

Sem dúvidas. É com esse espírito que a Atricon encara a crise que estamos atravessando. Reconhecemos a necessidade de aperfeiçoamentos, por exemplo, no modelo de composição, que já é avançado, se compararmos com o do STF, em que todos os ministros são indicados pelo presidente da República. Também reconhecemos que é fundamental estabelecer um "controle do controle", ou seja, uma instância que funcione para disciplinar, organizar e uniformizar práticas, procedimentos e interpretações que, atualmente, podem diferir em cada Tribunal de Contas. Internamente, a Atricon estuda essas medidas há muitos anos. São questões complexas, que certamente provocarão um debate profundo, não só dentro do sistema e com o Parlamento, mas com toda a sociedade. Não poderíamos perder essa oportunidade, sob pena de cair em descrédito com a população, que, malgrado confie nos Tribunais de Contas, conforme revelou a pesquisa feita pela CNI e pelo Ibope em 2016, exige mudanças no modelo, especialmente aquelas que transformem os Tribunais de Contas numa instituição exemplar, efetiva e sem qualquer interferência política. O texto que estamos propondo é, sem dúvidas, equilibrado e muito avançado. O debate está posto e quaisquer aperfeiçoamentos à nossa proposta poderão ser feitos no parlamento.

A Atricon fará uma nova aplicação do Marco de Medição de Desempenho dos Tribunais de Contas (MMD-TC) em 2017. Quais as novidades da ferramenta em relação à aplicação de 2015?

Em 2017, com a recente adesão do TCU, pela primeira vez o Marco de Medição de Desempenho será aplicado em todos os 34 Tribunais de Contas do Brasil. Teremos ainda a inclusão de indicadores referentes à qualidade da fiscalização nas despesas com educação e das obras públicas e uma dimensão relativa ao controle das Receitas e das Renúncias de Receitas. Como em 2015, serão 17 comissões de garantia da qualidade, que irão certificar a autoaplicação da ferramenta em cada tribunal. A novidade é que teremos participação massiva dos membros substitutos: será um para cada comissão de garantia. Além disso, a aplicação de 2017 nos permitirá avaliar, em comparação com os dados levantados em 2015, a evolução de desempenho dos Tribunais em várias áreas de sua atuação.

O conselheiro Valter Albano, vice-presidente da Atricon, está responsável pela elaboração do Planejamento Estratégico da associação para o quinquênio 2018- 2023. Como está sendo pensado esse novo planejamento?

Tenho plena confiança no excelente trabalho conduzido pelo vice-presidente Valter Albano e sua equipe para a elaboração do novo Planejamento Estratégico. Neste momento, o conselheiro Albano está percorrendo todos os 34 Tribunais de Contas do país para colher sugestões, debater possíveis aprimoramentos, avaliar fraquezas e virtudes, com propósito de subsidiar a elaboração do Planejamento Estratégico da Atricon. O novo instrumento será construído a partir do Balanced Scorecard (BSB), uma metodologia de medição e gestão de desempenho desenvolvida por professores da Universidade de Harvard, alinhada portanto com o que há de mais avançado na área de planejamento. É um trabalho hercúleo, que envolve muito diálogo e visão de futuro e está em ótimas mãos.

ENTREVISTA AO JORNAL
TRIBUNA DO NORTE, DE NATAL

Abril de 2017

Como o senhor vê e analisa a crise no Tribunal de Contas do Rio de Janeiro, com denúncias de corrupção que resultaram na prisão de cinco conselheiros [soltos na última sexta-feira]?
Com muita preocupação, porque é uma situação muito grave. Apresentamos duas propostas para reforma dos Tribunais de Contas no país. Por incrível que pareça, e por mais paradoxal que possa imaginar, hoje, mesmo diante este contexto, é o melhor momento dos Tribunais de Contas no Brasil, considerando o todo. De 1988 para cá, houve um avanço grande. Basta compararmos os Tribunais de Contas de dez anos atrás com o que são hoje. Então, estamos no melhor momento, mas, ao mesmo tempo, estamos no momento mais delicado da história, porque a sociedade cobra cada vez mais eficiência dos órgãos de controle e também postura ética. E essa questão do Tribunal de Contas do Estado (TCE) do Rio de Janeiro, tendo o cuidado de não fazer prejulgamento, todos vão ter o devido processo legal, o processo vai prosseguir... Mas é uma situação gravíssima. A Atricon, e não é de hoje que a gente defende isso, tem uma proposta de criação de um conselho nacional dos Tribunais de Contas, como existe o Conselho Nacional da Justiça (CNJ). O Poder Judiciário avançou depois do CNJ e a gente precisa de uma instância para nos fiscalizar. Isso é fundamental.

Isso implicaria mais gastos?

Estamos fazendo a proposta enxuta, que não onera significativamente o orçamento, porque cada entidade representada arcaria com o deslocamento, não teria pagamento de subsídio a seus membros e funcionaria na própria sede do TCU. Haveria três representantes da sociedade civil, como a OAB. Será um conselho para cuidar também da própria uniformização das decisões dos Tribunais de Contas, porque hoje um Tribunal toma uma decisão numa linha e outro em outra, mas é preciso mais uniformidade. Esse é um ponto. Então a primeira medida que nós estamos propondo para melhorar e aprimorar o sistema dos Tribunais de Contas é a criação de um Conselho.

Qual outro ponto da proposta para aperfeiçoar a atuação dos Tribunais de Contas?

A segunda toca numa questão delicada: o modelo de composição dos Tribunais de Contas. Se nós olharmos, em tese, comparando com outros países, é um modelo até avançado. Antes da Constituição Federal de 1988, todos os membros eram indicados pelo chefe do Poder Executivo – os ministros do Tribunal de Contas da União (TCU), pelo presidente da República; os conselheiros dos Tribunais de Contas dos Estados (TCEs), pelos governadores; e onde tem Tribunal de Contas de Município (TCM), que são dois, pelo prefeito. Então, era muito precário. Em 1988, houve o quê? O Poder Legislativo, que é o representante do povo, em tese, tem a obrigação de fiscalizar o orçamento e passou a indicar a maioria dos membros, e o Executivo ficou preso a duas indicações da carreira e outra livre. Isso foi um avanço enorme, que permitiu de fato uma evolução dos Tribunais de Contas nesse período. A questão é que, o Brasil vive uma crise de representatividade, uma crise da política, e isso afeta algumas indicações, não todas. A maioria dos indicados pelo Poder Legislativo cumpre o seu papel.

O TCE do Rio Grande do Norte é um exemplo, venha de onde vier [o conselheiro], o Tribunal cumpre um papel muito importante. Agora, em algumas situações os responsáveis por essas indicações, o Executivo e o Poder Legislativo acabam negligenciando, colocando pessoas que não respondem aos requisitos da idoneidade moral, da reputação ilibada e de notório conhecimento. Para que os Tribunais de Contas possam ganhar confiança, e para blindar os Tribunais de Contas de qualquer interferência política, partidária, o que não pode haver, é fundamental que aquele que venha do Poder Legislativo, tenha uma bagagem de quem foi gestor, com experiência, porque a função é técnica, é para ser conselheiro.

Então, nós estamos propondo uma mudança no critério de escolha, uma Proposta de Emenda Constitucional (PEC) em que a maioria dos membros passe a ser oriunda das carreiras, especialmente a de Auditor (ministro ou conselheiro substituto). Por exemplo, no TCE do Rio Grande do Norte, se fosse passada essa proposta, que vamos apresentar ao Congresso Nacional já nesta semana, dos sete conselheiros, dois seriam decorrentes da carreira de auditor substituto. Essa carreira já tem um hoje, passaria a ter dois, mantido o do Ministério Público de Contas, o procurador, e mais um auditor de controle externo, da carreira técnica, da carreira de fiscal. Então, quatro membros seriam originários das principais carreiras dos Tribunais de Contas e três da Assembleia Legislativa, só que com quarentena, com várias regras e filtros.

Quais seriam essas regras?

Pessoas já condenadas por juiz singular não poderiam [ser nomeadas]. Quem está há menos de três anos exercendo mandato eletivo ou cargo na administração indireta, também não. Quem teve contas rejeitadas. São regras moralizadoras, que respeitam o papel do Poder Legislativo, porque a gente tem um cuidado muito grande de falar de política para não demonizá-la, até porque sem ela não haverá reforma alguma.

A imagem que se tinha há muito tempo é de que os TCEs eram casas políticas?

A gente acaba herdando, muitas vezes de forma injusta, essa pecha, porque se olhar o processo como ele se desencadeou, vai ver que a grande parte é tomada por boa técnica. Agora, como a política está em crise e como uma parte veio da política, acaba ocorrendo um juízo de valor muitas vezes negativo. Mas, o fato é que a sociedade tem essa crítica, e nós, em sintonia com a sociedade e em sintonia com a lógica da natureza do controle técnico, apresentaremos essa proposta. Como na magistratura, a maioria é de carreira, e tem a representação da Ordem dos Advogados do Brasil e do Ministério Público.

O senhor acha que isso passaria no Congresso Nacional?

Nesse momento a crise é tão grande, que a gente está apostando que o Congresso Nacional será sensível, o Congresso nunca foi sensível a uma mudança como essa, porque de alguma forma poderia "perder poder" de indicações. Vamos tentar aproveitar esse momento e sensibilizar a sociedade e o Congresso, mas não será tarefa fácil.

Essa crise no TCE do Rio trouxe prejuízo à imagem dos Tribunais de Contas?

Claro, um prejuízo grande e que a gente tem de dar resposta, primeiro com trabalho, a nossa utilidade na análise preventiva de licitações, auditoria em obras, na análise da renúncia fiscal e das isenções. E em segundo, recalibrar o modelo constitucional, o sistema pode ser aprimorado. Um conselho nacional que nos fiscalize é importante. E a questão da composição, reequilibrando. Esse é o caminho para a sociedade voltar a ter a devida confiança nos Tribunais de Contas.

Uma das críticas que se faz aos Tribunais de Contas, como também se faz ao Judiciário, é a demora no andamento e conclusão de processos?

Esse projeto que nós desenvolvemos (no meio da semana no TCE-RN), que é para o Brasil todo, chamado de Marco de Medição de Desempenho dos Tribunais de Contas (MMD-TC), é uma avaliação que cada Tribunal faz e Atricon vem e dá uma certificação, verifica se está correto. Um dos itens é exatamente o prazo para julgamento de processos. Nós temos resoluções e indicadores, que estimulam, primeiro, o controle concomitante e em tempo real, porque é antiquado se fazer o controle *a posteriori* das contas, dois ou três anos depois, o controle tem que ser em tempo real. Achou uma falha numa licitação, já no edital, estanca, isso é fundamental. E outra coisa é o prazo que se estabelece para parecer prévio para o julgamento de contas de ordenadores de despesas, prazo para análise de concursos públicos, tudo isso tem de ser colocado e enfrentado.

As denúncias de irregularidades de obras não deveriam ser investigadas antes, preventivamente?

Sem dúvida, a maior efetividade hoje dos Tribunais de Contas é esse trabalho preventivo, mas a gente precisa estar atento para não querer substituir o gestor. Somos órgão de controle. Agora, a partir do momento em que se tem um ato administrativo com repercussão financeira, como é o caso de um edital de licitação de uma obra relevante, então o Tribunal já autoriza que se peça o edital, ainda nessa fase, e analisa, primeiro, se tem sobrepreço. Se tiver já determina a correção e isso gera economicidade. Depois vê, se tem restrição à competição. Outra coisa que dá preço baixo é ter muita concorrência, porque às vezes tem uma cláusula lá, que está impedindo outros participarem em condições de igualdade. Então, o Tribunal faz esse olhar, se detectar alguma coisa errada já manda corrigir, evita que aquela licitação se prolongue. Depois do "leite derramado" para devolver o dinheiro, fica muito difícil.

Numa analogia com o Ministério Público, quando faz alguma recomendação, alguns prefeitos se queixam que quem administra é o MP?
Tem de ter esse cuidado. Não pode estar substituindo o gestor na decisão política, porque o gestor é eleito pra fazer as escolhas, tem uma parte dessas escolhas que é do controle social, que é do voto, a gente não se mete. Se o gestor opta em fazer uma creche e não fazer um posto de saúde, o ônus é dele, [o TC], em princípio, não pode se meter. Agora se vai fazer a creche, tem de fazer legalmente, então, aí é que entra o Tribunal de Contas.

O senhor considera que os gastos da sociedade com as Cortes de Contas, os salários dos conselheiros equivalentes aos de desembargadores correspondem à prestação do serviço essencial e dá retorno à sociedade?
Claro, é como disse no início, hoje os Tribunais prestam bons serviços à população. Se não fosse a atuação dos Tribunais de Contas, essa do dia a dia, silenciosa, em cada Prefeitura, em cada secretaria com a presença do auditor corrigindo, a coisa seria totalmente sem controle. Fora isso que as Cortes conseguem aferir, por exemplo, o TCE do Rio Grande do Norte está atuando em uma licitação, evita um prejuízo de tanto. Fora isso que é palpável, que já se detecta facilmente, tem esse outro controle, silencioso, do dia a dia. Muitos gestores se orientam pelos Tribunais de Contas. Assim, só faz uma coisa se estiver de acordo com o que o Tribunal decidiu, isso é muito importante.

Então, se não fossem os Tribunais de Contas, a corrupção estaria muito pior?
Está provado que na Operação Lava Jato, que é fantástica e deve continuar, teve a participação também dos Tribunais de Contas, não no sentido de ser fiscalizado. Mas está provado que ninguém está imune à fiscalização e à corrupção. Agora, tem uma participação ativa e importante do TCU, por exemplo, na análise das obras das empreiteiras. Então, o cálculo que a Polícia Federal tem feito é menor do que o TCU tem apontado como prejuízo. Todo dia a gente vê os representantes da Operação Lava Jato elogiando a parceria do TCU e outros Tribunais no sentido de fornecer subsídios, com essa expertise. Por isso que eu digo, o controle só será eficiente para combater corrupção e a ineficiência,

se houver atuação em rede, integrada. É importante cada anzol estar afiado. O Ministério Público afiado, Tribunal de Contas afiado, Controle Interno afiado, Polícia afiada e o Judiciário afiado, mas eles têm que formar uma rede, compartilhar dados, informações, estratégias, atuações conjuntas, porque cada um tem um pouco dessa expertise.

O isolamento facilita a corrupção?

Claro, se não cria uma rede, cada um fica com o seu anzol, e aí muita coisa passa, porque mesmo se criando uma rede, ainda vai haver corrupção, ineficiência, mas o patrimônio público fica bem mais protegido.

Os Tribunais de Contas têm conseguido cumprir a Lei de Responsabilidade Fiscal?

Esse é um desafio enorme, são 17 anos da LRF. Na primeira década, a gente teve um papel muito importante, mas está claro que pela crise fiscal poderíamos ter sido até mais rigorosos neste tema. A decisão do TCU sobre contas do governo federal, rejeitando-as, pode gerar uma boa e nova inflexão. Não entro na questão do *impeachment*, que é tema político. Mas foi importante aquela decisão [do TCU ao apontar irregularidades nas contas do Governo Dilma], porque foi uma proteção da Lei de Responsabilidade Fiscal, que certamente terá um efeito multiplicador em estados e municípios.

Depois das chamadas 'pedaladas' e de créditos suplementares da presidente Dilma Rousseff, sem autorização do Poder Legislativo, governadores e prefeitos estão mais cuidados com a exigência da LRF?

Não tenha dúvida, aquele caso foi uma quebra de paradigma, normalmente os Tribunais de Contas quando analisam contas de governo e prefeitos, aquelas contas gerais, o balanço, o orçamento, é uma análise mais formal. Mas essa decisão do TCU provou que os Tribunais podem ir mais além, podem analisar qualidade, sobretudo o cumprimento dos limites e das regras da LRF, que é uma lei republicana. Já notamos outros Tribunais que rejeitaram contas de governador, aumentou o número de rejeições de contas de prefeitos, como efeito multiplicado. Tem até um Tribunal que aprovou contas de governador, mas teve voto contrário, teve parecer do Ministério Público contrário, então gerou uma dialética maior. Antes o que era uma coisa automática, se aprovava naturalmente, passou a ter uma fricção, passou a ter um debate maior, a imprensa cobrando mais, a sociedade cobrando mais e os Tribunais têm de estar sintonizados com esse novo momento.

A reforma da previdência social é apontada como necessária para o equilíbrio das contas públicas dos Estados. Os TCEs têm detectado problemas nas previdências estaduais?

Muito, por exemplo, sou de Pernambuco, onde 80% dos municípios aderiram ao regime próprio de previdência, o que, em tese, é uma coisa bacana, federativa, se o município, o ente, é autônomo, o estado e autônomo, a União é autônoma, cada um tem de ter o seu regime de previdência social. Acontece que o grau de governança dos municípios ainda é muito baixo, os municípios provaram, em regra, que não estão habilitados pra gerir um fundo próprio. É melhor que fiquem no regime geral, vinculado ao INSS, é o que temos recomendado em Pernambuco, mas cada Estado tem a sua realidade. Tem muito problema de se utilizar, o prefeito se vê na crise e se vê no desespero de gastar em educação, em saúde e fica tentado ao ver aqueles recursos da previdência, que era para ser blindado, porque não é do município, para usar aquilo em outras despesas, comprometendo o caixa futuro. É um problema seríssimo e está na hora, realmente, de uma reforma da Previdência. Nós temos uma crítica pontual, a questão da transição, que está muito radical, mas no geral os Tribunais de Contas apoiam a reforma da Previdência, porque sabe que é importante o equilíbrio fiscal e os municípios têm que estar muito bem estruturados para gerir o fundo próprio. Caso contrário, que migrem para o regime geral.

O senhor falou na mudança de composição dos Tribunais, há quem defenda a adoção de mandatos para os membros dos Tribunais?

Esse ponto não está na nossa proposta, mas existe uma comissão no Congresso Nacional tratando disso. Eu, pessoalmente, acho muito razoável que um membro de Tribunal de Contas, ou de Supremo Tribunal Federal (STF), ou de Superior Tribunal de Justiça (STJ) e de Tribunal Regional Federal (TRF) tenha um mandato entre 10 e 15 anos, no máximo. Eu, por exemplo, ingressei como conselheiro no TCE de Pernambuco aos 35 anos, com a PEC da compulsória para 75 anos, vou passar quase 50 anos no TCE. Não acho isso razoável. Agora é uma opinião pessoal que ainda não debatemos, mas estamos abertos a esse debate com a sociedade. Precisamos, contudo, ficar atentos à questão da vitaliciedade, que é uma garantia importante para a independência. Como ficaria isso?

Como o senhor vê a questão da terceirização?

Esse ponto tem pouco a ver com os Tribunais de Contas, mas a questão que preocupa é até que ponto... Não fizemos ainda uma análise se a lei aprovada na Câmara dos Deputados pode implicar a burla ao concurso público ou à LRF. A despesa que é típica de estado, que antes era computada para fins de limite, se agora permite terceirizar... Vai continuar sendo computada ou não? A minha opinião é que se for uma atividade típica de estado, ainda que se diga que a terceirização é constitucional, deve ser computada para fins de despesa com pessoal de limites da LRF. É preciso uma análise mais profunda dessa lei para ver se não atinge a LRF e o princípio do concurso público.

ENTREVISTA AO PORTAL AGÊNCIA PÚBLICA

Junho de 2016

É correta a analogia de que se o Supremo Tribunal Federal é o guardião da Constituição, os Tribunais de Contas são os guardiões da Lei de Responsabilidade Fiscal (LRF)?
Em parte, sim. O controle da correta aplicação dos recursos públicos é tarefa da sociedade e de muitas instituições públicas, a exemplo do Controle Interno e dos Ministérios Públicos, mas os Tribunais de Contas, em razão de suas próprias atribuições constitucionais e de possuírem um quadro de auditores e membros especializados nos temas atinentes ao Direito Financeiro e às finanças públicas, acabam, naturalmente, assumindo um protagonismo maior como guardiões da LRF. Essa atribuição também é ressaltada na própria LRF (capítulo IX, Seção VI), quando incumbe os Tribunais de Contas de serem os principais agentes da fiscalização da lei.

A reprovação das contas da presidente Dilma Rousseff pelo TCU pode implicar o aumento do rigor no julgamento das contas dos governos estaduais pelos TCEs e mais cuidado dos próprios gestores quanto à responsabilidade fiscal?
A decisão do TCU marcará uma inflexão no comportamento dos gestores e do controle, não tenho dúvidas. Aqueles darão mais importância às regras da lei de responsabilidade fiscal, na medida em que passaram a perceber que a sociedade exige uma postura responsável na aplicação de seus recursos e também porque estarão

cientes de que um descompasso grave na área fiscal poderá gerar uma série de consequências para ele, gestor: rejeição de contas, ações penais e de improbidade e até a imputação de crime de responsabilidade, condição necessária para um eventual *impeachment*. Por outro lado, os Tribunais de Contas estaduais e municipais também tenderão a seguir o novo paradigma estabelecido pelo TCU no exame das chamadas contas de governadores e prefeitos. Responsabilidade fiscal não tem ideologia: é dever republicano.

Existe consenso sobre o que seria uma pedalada fiscal? Ela virou uma espécie de guarda-chuva para irregularidades fiscais em geral?

A pedalada fiscal existe quando o gestor se vale de operações atípicas com o propósito de maquiar as contas públicas, de sorte a revelar uma situação fiscal melhor do que apresenta a realidade. No caso da União, esse drible macula a confiança nas contas públicas nacionais, gerando fuga de capitais e diminuição dos investimentos, além de adiar medidas de ajustes necessárias para se atingir o equilíbrio. É um chute na transparência e na confiança e quem paga o preço é o cidadão. Está na hora de uma grande discussão nacional sobre a questão do endividamento público. Falta transparência na questão da dívida e das operações de crédito. Falta regulamentação de alguns limites para a dívida do governo federal e falta criar o Conselho de Gestão Fiscal, previsto na própria LRF, para assegurar a efetiva participação federativa nessa questão.

É muito comum, nos pareceres prévios, limitar-se a "puxões de orelha" a governadores que não entregam documentação que comprove os dados fiscais, o que dificulta a análise pelos TCEs. Se os próprios tribunais se queixam da falta de transparência dos governos, como a população pode acompanhar a execução e a responsabilidade orçamentária e fiscal? A participação popular poderia acrescentar algo ao trabalho dos TCEs?

Essa falta de informações acontece mais no âmbito municipal e cabe ao Tribunal de Contas responsabilizar aqueles que não prestarem contas nos termos exigidos pela lei. Quem administra recursos públicos tem o dever de prestar todas as informações aos órgãos de controle e ao cidadão. Arrisco dizer que a instituição que detém o maior número de informações sobre as gestões públicas no Brasil hoje são os Tribunais de Contas. E a grande maioria deles possui portais de transparência por meio dos quais divulgam estes dados para a população de maneira didática e amigável para facilitar a compreensão. Cito como exemplo o Portal "Tome Conta" do TCE de Pernambuco. Nele constam dados atualizados das receitas, despesas, fornecedores, licitações, gastos em educação, saúde, obras inacabadas e até informações sobre doações eleitorais. Isso tudo porque sabemos que o controle não se esgota na atuação dos órgãos de fiscalização. Cabe a nós estimular a transparência e facilitar o controle social e da imprensa sobre o andamento da gestão pública.

As dezenas de recomendações e ressalvas às contas dos governadores, muitas vezes mantidas por anos seguidos, não demonstram uma certa paciência ou benevolência, digamos, com os gestores? É preciso dar mais tempo para que a classe política assimile a LRF? Como justificar a aprovação de contas com rombos bilionários, revisões de metas fiscais efetuadas após o fim do exercício, abertura de créditos suplementares sem previsão orçamentária e sem autorização legislativa, entre outras irregularidades?

Aqui é preciso um esclarecimento. Do conteúdo das chamadas contas de governo, aquelas que levam ao Parecer Prévio dos Tribunais de Contas, normalmente são analisadas as questões mais gerais de governo, como os demonstrativos contábeis e financeiros consolidados, a aplicação mínima em saúde e educação, os limites da LRF, a previdência e programas sociais relevantes. Essas contas, diferentemente das chamadas contas de gestão, não adentram nos pormenores do processamento das despesas, dos contratos. Essa é a principal causa de os Pareceres Prévios, no mais das vezes, apontarem para ressalvas e determinações, considerando o atendimento dos aspectos formais das contas e o princípio da proporcionalidade. É preciso lembrar que essa realidade era a do TCU até 2014. Ocorre que, não é de hoje, existe uma benfazeja discussão, em todos os Tribunais de Contas, envolvendo corpo técnico, membros e procuradores de contas, sobre a natureza e o alcance dessas contas de governo. Isso tem gerado maior dialética nos julgamentos, sendo, portanto, um forte indicador de que a quebra do paradigma poderá ser uma realidade nacional.

A composição das Cortes de contas é muitas vezes criticada por permitir que os seus quadros incorporem parentes de políticos e mesmo ex-políticos. Um órgão que deve ser estritamente técnico não tem a sua credibilidade diminuída por isso?

Já avançamos muito em relação à composição dos Tribunais de Contas. Antes de 1988, todos os membros eram indicados pelo

Chefe do Poder Executivo, como acontece ainda hoje no STF, por exemplo. Atualmente, dois terços dos membros são indicados pelo Poder Legislativo (que, vale lembrar, também é poder fiscalizador) e um terço vem dos Auditores (Ministros e Conselheiros Substitutos) e Procuradores que integram o Ministério Público de Contas. Em tese, trata-se de um modelo avançado.

A Atricon possui uma Resolução que defende a fiel observância dos requisitos constitucionais para a indicação dos membros dos Tribunais de Contas. Entendemos que o indicado deve ser ficha-limpa e possuir a experiência e os conhecimentos técnicos necessários para o desempenho da função, recomendando que os Tribunais de Contas neguem posse àqueles que notoriamente não atendam aos requisitos constitucionais. Isso tem gerado bons resultados. Temos cobrado publicamente do Poder Legislativo e do Executivo a fiel observância dos parâmetros constitucionais na hora de indicar os membros para os Tribunais de Contas.

De qualquer modo, existe um debate na sociedade, e no próprio parlamento, sobre modelos de composição de Tribunais judiciários e de contas. Embora entenda como bastante razoável o atual modelo, a Atricon está discutindo internamente uma proposta de inversão das indicações, pela qual 2/3 dos membros seriam escolhidos entre os Auditores (Ministros/Conselheiros Substitutos) e Procuradores de Contas e 1/3 viriam a partir de indicações do Poder Legislativo, pondo fim às indicações livres do Executivo.

Membros dos MPs de Contas se queixaram recentemente de perseguição por parte de alguns TCEs, que propuseram medidas para, na visão dos procuradores, dificultar o seu trabalho. Em tese, as duas instituições não deveriam trabalhar em parceria?

O fortalecimento do Ministério Público de Contas foi um dos avanços do novo modelo de controle externo criado pela Constituição. É preciso, contudo, responsabilidade e cautela quando se fala em 'perseguição', no sentido de algo sistêmico e doloso. Embora a Constituição não tenha fixado o número de procuradores, parece-me razoável que a lei local estabeleça um quantitativo próximo ao número de ministros (nove no TCU) e conselheiros (sete nos Tribunais de Contas estaduais e nos dos Municípios). O MP de Contas junto ao TCU, por exemplo, funciona, e muito bem, com cinco procuradores.

O fundamental é que os procuradores disponham de toda a estrutura e condições para desempenhar as suas atribuições com presteza e independência. Por outro lado, uma redução pontual no número de cargos de procuradores deve vir balizada por diálogo transparente entre o colegiado e os procuradores. Reduzir um ou dois cargos com o único fundamento de economizar em tempos de crise não parece razoável. Tensões são naturais e, algumas vezes, necessárias para se avançar. Mas todos os atores devem pautar as discussões e decisões à luz do interesse público e fugindo do viés estritamente corporativo.

A Proposta de Emenda à Constituição nº 28, de 2007, de autoria do hoje conselheiro do TCU Vital do Rêgo, dorme no Congresso, pronta para ser votada em plenário desde 2009. O senhor apoia a PEC, que pretende criar o Conselho Nacional dos Tribunais de Contas? A Atricon tem se articulado para tentar fazer com que a medida avance? Que outros projetos, legislativos ou não, estão na pauta da Associação?

A Atricon defende um Conselho Nacional para os Tribunais de Contas (CNTC), nos moldes do Conselho Nacional de Justiça (CNJ) e do Conselho Nacional do Ministério Público (CNMP). É fundamental para melhorar ainda mais nosso desempenho sistêmico. Os Tribunais de Contas avançaram muito nos últimos 25 anos, mas, como bem diz o Ministro Carlos Britto, nós precisamos utilizar toda a nossa capacidade de controle presenteada pela Lei Maior. Quanto à PEC nº 28, nossa posição é de que ela atende, em grande parte, o que seria um modelo ideal de CNTC. Ainda este ano iremos formalizar proposta pontual de emenda à referida PEC com a exclusão dos Procuradores de Contas de sua jurisdição, por entender que eles devem estar no âmbito do CNMP.

A criação do CNTC, contudo, sofre uma forte resistência dos congressistas. Faremos o possível para sensibilizá-los neste sentido e atuaremos também junto ao TCU, instituição que auxilia o Congresso Nacional no exercício do controle externo, para defender e nos ajudar publicamente a convencer o Parlamento sobre a necessidade do CNTC. Estou certo de que o atual contexto nacional, notadamente o apoio da sociedade ao fortalecimento do controle público com vistas a combater a má gestão e a corrupção, contribuirá para o convencimento dos deputados e senadores.

ENTREVISTA PARA A
REVISTA *GESTÃO PÚBLICA*, PE

Fevereiro de 2016

Em linhas gerais, que balanço o senhor faz após dois anos (2014-2015) como conselheiro presidente do Tribunal de Contas de Pernambuco?
Foram dois anos de muitas ações e bons frutos de um trabalho coletivo. Num contexto em que a sociedade cobra efetividade dos órgãos de controle, avançamos em muitos aspectos da gestão interna e do controle externo. Destaco a implantação exitosa do processo eletrônico de contas. Todas as contas de gestores estaduais e municipais de 2014 foram prestadas pela internet. Em dezembro, tivemos o primeiro processo julgado de forma totalmente eletrônica. Isso implicará mais agilidade, mais qualidade das auditorias, menos custo, mais transparência e proteção do meio ambiente. O novo portal "Tome Conta" também merece destaque. Nele, o cidadão encontrará dados de gestão de todos os órgãos e Poderes estaduais e de todas as prefeituras e Câmaras. Significa transparência máxima e estímulo ao controle social. Por fim, destaco a nossa atuação preventiva, especialmente em relação ao acompanhamento em economia para o erário de meio bilhão de reais nestes dois anos.

Quais as principais dificuldades encontradas na fiscalização da aplicação do dinheiro público? É possível citar as falhas e irregularidades mais recorrentes nas contas dos municípios pernambucanos?
A maior dificuldade é a fragilidade dos sistemas de planejamento, jurídico e de controle interno dos municípios. O grau de governança pública ainda está longe do ideal. As falhas que ocasionam

mais irregularidades das contas são: a) descumprimento da Lei de Responsabilidade Fiscal (LRF), especialmente dos limites de despesas com pessoal; b) não observância dos limites mínimos de aplicação das receitas em saúde e educação; c) não recolhimento das contribuições previdenciárias, e d) falhas em licitações e contratos de obras e serviços de engenharia.

Quais ações preventivas são realizadas junto aos municípios para evitar prejuízos ao erário?

Voltados para atuação preventiva e cautelar estão 52% da nossa força de trabalho em fiscalização. Com o cuidado de não obstar o natural andamento da gestão, o TCE tem procurado, cada vez mais, fazer "biópsias" nos atos de gestão mais relevantes, ou seja, estamos procurando colaborar com os gestores a evitar erros e prejuízos, antes que eles aconteçam. Cito especialmente os exames de editais de licitações. Assim que detectamos indícios de sobrepreço ou de direcionamento fazemos um alerta à gestão, que, no mais das vezes, corrige o ato, evitando prejuízo. Verificado dolo, o TCE aplica multa e pode até julgar as contas irregulares. As inspeções que são realizadas em campo pelos nossos técnicos, aliadas a capacitações de gestores pela Escola de Contas, também ajudam a prevenir irregularidades.

Por que são importantes ações de orientação e capacitação para os municípios?

Justamente porque está comprovado que os municípios são carentes de estrutura organizacional. Especialmente por meio da Escola de Contas, procuramos orientar e capacitar os gestores nos principais temas que dizem respeito à boa gestão. Nosso primeiro olhar para o gestor é procurar orientá-lo. Há também um importante papel das inspetorias regionais e as audiências técnicas com nossos servidores e conselheiros. Se após a orientação, os erros continuarem, aí sim os gestores são responsabilizados.

Quais as demandas mais frequentes dos gestores públicos municipais ao TCE-PE?

De uma maneira geral, a demanda foca as alterações legislativas. Há, de fato, uma quantidade muito grande de leis e regulamentos aprovados pelo Congresso e pelos Legislativos estadual e municipal. Isso gera muitas dúvidas, a exemplo das áreas de licitações, responsabilidade fiscal, concessões, consórcios, parcerias público-privadas.

O desafio dos gestores é enorme, mas o caminho para o bom êxito como gestor é procurar dotar o município de um quadro de servidores permanentes e qualificados e se antecipar aos problemas buscando ajuda, por exemplo, nos Tribunais de Contas.

O Tribunal de Contas do Estado de Pernambuco apresenta pareceres sobre possíveis irregularidades e falhas na aplicação dos recursos públicos. Quais as punições mais graves para o gestor municipal caso seja autuado como irregular?

O gestor que comete graves irregularidades na gestão, além de ter suas contas julgadas irregulares, pode sofrer aplicação de multa, ser obrigado a ressarcir o erário, ficar impedido de exercer funções públicas de confiança e, no limite, ficar inelegível. Todas essas falhas e provas são normalmente encaminhadas ao Ministério Público, que pode propor ações de improbidade, ações penais e intervenção.

O Portal "Tome Conta", lançado recentemente pelo TCE-PE, é um exemplo de parceria com a sociedade. Por que ações que estimulam o controle social e a fiscalização pelos cidadãos são necessárias?

O controle é dever dos órgãos técnicos, a exemplo do controle interno, dos Tribunais de Contas, do Ministério Público, das polícias, procuradorias, Legislativo e Judiciário. Mas o controle exercido pelo cidadão e pela imprensa são também fundamentais. O Tome Conta é uma ferramenta de transparência amigável e facilitará sobremaneira o controle social, na medida em que joga luz nos dados da gestão de todos os poderes e órgãos do Estado e de todos os municípios de Pernambuco.

Como o senhor analisa a integração entre os órgãos de controle?

A efetividade do controle para combater a corrupção e a ineficiência na aplicação dos recursos públicos só será realidade com a atuação em rede das instituições de controle e da sociedade. Os corruptos são sofisticados e organizados. A exitosa experiência da chamada "Operação Lava Jato", por exemplo, revela que a atuação integrada do controle é essencial. Foi-se o tempo dos solistas e dos anzóis isolados. Trabalho integrado, sem vaidades e em rede é o futuro.

Diante da crise ética e fiscal que o País atravessa, qual o papel dos Tribunais de Contas no combate à corrupção? Como está a atuação nesse cenário?

Tem avançado muito. Alguns que não conhecem bem as atribuições constitucionais dos Tribunais de Contas cobram de nós uma atuação semelhante à da polícia. Temos o dever de clarear isso para a sociedade. Os Tribunais de Contas, assim como o Controle Interno, atuam muito mais na prevenção da corrupção e no combate permanente à ineficiência dos gastos (outro grande, senão o principal, ralo do dinheiro público). Ninguém, nenhum órgão ou pessoa, insisto, pode agir sozinho. Integração é a palavra. Só para ficar num exemplo mais recente, muitas responsabilizações no âmbito da "Operação Lava Jato", pelo Judiciário, foram baseadas em documentos técnicos produzidos pelo Tribunal de Contas da União (TCU), especialmente aqueles que apontaram sobrepreços e superfaturamentos em contratos da Petrobras. Isso também acontece nos estados.

O senhor foi reeleito como presidente da Atricon (2016/17). Quais as perspectivas da Atricon para continuar incentivando a boa governança pública e a correta aplicação do dinheiro público?

A nossa prioridade continuará sendo o aperfeiçoamento contínuo dos Tribunais de Contas e o papel destes para o aprimoramento da boa governança pública. Avançamos sobremaneira nos últimos tempos, mas existem muitas oportunidades de melhoria. O nosso programa Qualidade e Agilidade dos Tribunais de Contas (QATC), que engloba as Resoluções-Diretrizes da Atricon e o Marco de Medição do Desempenho dos Tribunais de Contas (MMD-TC), ferramenta de avaliação e diagnóstico de padrão internacional que contempla mais de 500 indicadores de boas práticas para Tribunais de Contas, aponta o caminho da excelência institucional e é fundamental para diminuirmos assimetrias que ainda existem entre os 34 Tribunais. Por outro lado, não mediremos esforços para defender os Tribunais de Contas e seus membros, no Legislativo e no Judiciário, contra iniciativas provenientes de segmentos que querem o enfraquecimento do controle, justamente em razão dos avanços de nossa atuação na prevenção da corrupção e da ineficiência. Por fim, destaco o total apoio da Atricon às chamadas auditorias coordenadas, que estão sendo realizadas pelo TCU e por muitos Tribunais de Contas estaduais e municipais. Elas têm caráter operacional, analisam a qualidade do gasto público, especialmente em saúde, educação, segurança e meio ambiente.

ENTREVISTA PARA A REVISTA *CONHECER*, DO SEBRAE NACIONAL

Agosto de 2014

Após pouco mais de um ano do evento "Tribunais de Contas e o Desenvolvimento Local", que mobilizou prefeituras, Tribunais de Contas e unidades do Sebrae de todas as capitais brasileiras, em um esforço coletivo pela implementação da Lei Geral das Micro e Pequenas Empresas, que avaliação o senhor faz dos resultados alcançados pelo Projeto Prosperar até o momento?

Inegavelmente, a data de 13/3/2013 foi importante para demarcar novo avanço dos Tribunais de Contas no apoio à implementação da Lei Geral, em adição aos compromissos assumidos em 2010, mediante convênio entre a Atricon, IRB e Sebrae. Em novembro de 2013, passados oito meses desse evento, o número de municípios que aplicam efetivamente a legislação relativa à matéria passou de 860 para 1.910, o que representou uma significativa inflexão no seu processo de difusão. Hoje, mais de um terço dos 5.570 municípios do país já está nessa condição, comprovando a efetividade da parceria. Outro importante fruto dessa iniciativa é a sensibilização de gestores municipais e da sociedade acerca da relevância da Lei Geral das Micro e Pequenas Empresas para o desenvolvimento das economias locais. Resta avaliar o impacto em termos da arrecadação municipal para, definitivamente, aferir os benefícios reais para a economia local decorrente dessa iniciativa.

Essa maior aproximação entre Sebrae e Tribunais de Contas já é realidade em 20 Estados e no Distrito Federal. De que forma o Projeto

Prosperar tem contribuído para ajudar esses órgãos de controle a atuar de modo mais efetivo, em relação à fiscalização do cumprimento da Lei Geral?

Eu diria que o Projeto Prosperar, em última instância, contribui para a efetividade das ações relacionadas com a função social do controle externo, dinamizando a inclusão e a geração de renda nas localidades em que a Lei Geral foi implementada. Os Tribunais de Contas passam a contar com a contribuição da sociedade e dos próprios órgãos fiscalizados, que se tornam mais receptivos a um trabalho de cooperação com o controle externo na verificação do cumprimento e alcance dos objetivos da Lei Geral. Esse apoio/engajamento dos diversos atores do processo tem muito a ver com uma das facetas fundamentais do Projeto Prosperar, qual seja, a de dedicar especial atenção às atividades de capacitação, envolvendo gestores e servidores municipais, bem como os próprios servidores dos Tribunais de Contas.

Podemos dizer que o Projeto Prosperar influenciou diretamente no avanço tão considerável de municípios com a lei implementada? O que o senhor destacaria como principal legado dessa parceria para o desenvolvimento econômico dos municípios?

Considerando-se que, em apenas um ano, a adesão em termos numéricos foi equivalente à do período entre a promulgação da Lei Geral (2006) e essa data de referência (mobilização nacional realizada em março de 2013), não há o que discutir acerca do sucesso do Prosperar e da sua influência nesse panorama. Estados como Santa Catarina e Mato Grosso, com 100% e 92%, respectivamente, de implementação da Lei Geral, e mesmo o de Tocantins, em que a legislação foi regulamentada em todos os 139 municípios, constituem exemplos emblemáticos. Podem até servir de modelo para as demais unidades da Federação no estudo dos fatores que facilitam o envolvimento dos atores, incluindo a participação dos Tribunais de Contas no alcance desses resultados. Além do legado concreto na disseminação do tema, que já foi alcançado, esperam-se efeitos específicos no incremento da arrecadação e na geração de emprego e renda dos municípios, algo que deve ser objeto de estudo e avaliação, com vistas ao aprimoramento do projeto.

A partir de quando os tribunais devem começar a aplicar sanções às prefeituras que não cumprirem a implantação e implementação da Lei Geral das Micro e Pequenas Empresas? Que tipos de sanções podem ser aplicados, se necessário?

Considerando a missão constitucional dos Tribunais de Contas, ao serem inseridos pontos de controle específico relativos à implementação da Lei Geral, serão emitidas recomendações e aplicadas sanções de acordo com os regulamentos próprios. Há Tribunais de Contas, como o de Mato Grosso, que já definiram em instrumento normativo que o descumprimento de dispositivos da Lei Geral tem natureza grave, podendo inclusive influenciar o resultado do julgamento das contas. Vale salientar que, em busca da consequência da parceria firmada com o Sebrae, a Atricon incluiu, no projeto de resoluções com diretrizes orientativas do controle externo, em discussão no âmbito da instituição, um capítulo específico sobre o controle do cumprimento da Lei Geral, que orientará a atuação dos Tribunais de Contas a respeito. Há, no entanto, um consenso, por parte da Atricon, do Instituto Rui Barbosa (IRB), do Sebrae e dos Tribunais de Contas, de que todos devem atuar, de forma paralela, com caráter orientativo e pedagógico, levando o conhecimento aos agentes públicos acerca da utilidade da correta aplicação de Lei Geral em benefício de toda a sociedade.

O trabalho de fiscalização das contas públicas desempenhado pelo TCE-MG ganhou força com a implantação do Projeto Suricato, que possibilita a fiscalização integrada e o intercâmbio de dados com outros sistemas de informação. Além de Minas Gerais, outros tribunais já implementaram sistemas de monitoramento de compras? Como têm sido essas experiências?

O Programa Suricato do TCE-MG é importante ferramenta de controle externo concomitante, que possibilita resultados efetivos nas suas ações de fiscalização, especialmente por conta dessa capacidade de interação com outros sistemas e de formulação de indicadores relevantes de controle, inclusive das compras públicas, que interessa de perto ao Projeto Prosperar. A esse respeito, vale salientar a iniciativa de caráter geral, nos mesmos moldes, em desenvolvimento pela Atricon mediante a implementação da Rede Nacional de Informações Estratégicas para o Controle Externo (Rede InfoContas), integrada pela maioria dos TC do Brasil e que mantém parceria com diversas outras instituições de controle.

Há expectativa da aprovação de uma resolução da Atricon, durante o Encontro Nacional de Tribunais de Contas, com orientações específicas sobre a Lei Geral. O senhor poderia destacar quais os principais pontos dessa resolução e qual a importância de um dispositivo normativo como este para a atuação dos tribunais?

Essa resolução se insere em um conjunto de diretrizes orientativas para os Tribunais de Contas, com marcado interesse social, visando a uma atuação mais uniforme, integrada e tempestiva. Embora não tenha caráter impositivo sobre os TC, a expectativa é de grande adesão à implementação dessas diretrizes, em particular daquela relativa ao controle do cumprimento da Lei Geral, em decorrência da importância da temática, já publicamente reconhecida pelos TC, inclusive pela adesão maciça ao Projeto Prosperar. Dentre as principais recomendações previstas nesse instrumento, destacam-se: a formalização de parcerias entre os TC e as unidades regionais do Sebrae; a promoção de ações de sensibilização, capacitação e orientação permanente dos jurisdicionados dos Tribunais de Contas; o estabelecimento da matéria como item de verificação obrigatória nas fiscalizações, mediante a inserção de pontos de controle prioritários definidos a partir das regras estabelecidas na Lei Geral para as contratações públicas; a implementação de processo eletrônico para o recebimento, o processamento e a análise de documentos e informações sobre compras públicas, viabilizando, inclusive, a divulgação de indicadores específicos; e a implementação da Lei Geral nas aquisições realizadas pelos próprios Tribunais de Contas.

Essa resolução a ser tirada no Encontro Nacional de TC pode estabelecer diretrizes também quanto à fiscalização da aplicação da Lei Geral pelo Governo Federal e pelos governos estaduais?

As diretrizes também devem alcançar as esferas de poder federal e estadual, especialmente na fiscalização de convênios entre tais entes e as prefeituras, em que deverão estar previstas cláusulas específicas quanto ao cumprimento da Lei Geral.

A parceria entre Sebrae, IRB e Atricon foi renovada, recentemente, por mais um ano. Quais as metas a partir de agora? Haverá alguma mudança de direcionamento em relação ao que já foi realizado até o momento?

A renovação da parceria entre os entes, consubstanciada pela assinatura do 4º Termo Aditivo ao Convênio nº 58/2010, entre a Atricon e o Sebrae, reafirma o teor original, que inclui no seu objeto a participação específica do IRB na realização de eventos locais e nacionais destinados a fortalecer o processo de implementação da Lei Geral. A despeito da manutenção dos termos da parceria, está claro que o momento atual demanda ações mais específicas, das quais o processo de elaboração de resolução orientativa aos tribunais constitui um bom exemplo.

Em especial, destaco a necessidade de um levantamento da repercussão dos efeitos na arrecadação local e na geração de emprego e renda, para aferir os impactos concretos do projeto na vida do cidadão.

ENTREVISTA À *REVISTA DO TCE/MT*

Julho de 2014

As últimas gestões da Atricon priorizaram uma atuação mais voltada para a defesa institucional e o aperfeiçoamento dos Tribunais de Contas. A atual Diretoria continuará nesse caminho?
Sem dúvida. Embora os Tribunais de Contas tenham evoluído muito nos últimos anos, como bem demonstram os dados obtidos pelo "Projeto Qualidade e Agilidade do Controle Externo", executado pela Atricon em 2013, ainda na profícua gestão do Conselheiro Antonio Joaquim, os desafios com vistas a diminuirmos nossas assimetrias e alcançarmos a confiança definitiva da maioria da sociedade ainda estão presentes, de sorte que o foco da Atricon continuará sendo a defesa e o aperfeiçoamento institucional dos Tribunais de Contas e das prerrogativas constitucionais de seus membros, sem prejuízo, claro, de avançarmos em algumas questões de índole mais corporativa. Deste último ponto, fazem parte a luta pela recuperação do poder aquisitivo dos subsídios e a atualização da carteira de serviços oferecidos aos associados, como seguro-saúde e um convênio de descontos em ampla rede de fornecedores de produtos e serviços.

Quais as principais ações planejadas e já desenvolvidas pela Atricon neste ano de 2014?
Nosso Planejamento Estratégico, aprovado para cinco anos (2012-2017), é o principal guia de nossa gestão. Fizemos, nas duas primeiras reuniões da Diretoria e do Conselho Deliberativo, ajustes pontuais em alguns objetivos estratégicos, adequando-os aos novos contextos. De outra parte, destacaria a defesa pública e firme da instituição

Tribunal de Contas em relação a um relatório genérico e irresponsável elaborado pela ONG Transparência Brasil, que simplesmente ignorou todos os avanços verificados nos Tribunais de Contas brasileiros. Para tanto, contei com o apoio e a ajuda da Direção da Atricon, dos Presidentes dos Tribunais de Contas, dos nossos membros e servidores. Outro ponto que merece ser realçado foi a decisão colegiada de elaborar novas Resoluções da Atricon, tratando de temas prioritários, visando conferir mais efetividade à atuação dos Tribunais de Contas. As minutas das Resoluções foram discutidas por diversas comissões temáticas, formadas por dedicados e comprometidos membros e servidores, e coordenadas, com zelo e proficiência, pelo Vice-Presidente da Atricon, Conselheiro Valter Albano, e pelo nosso Diretor, Conselheiro Substituto Jaylson Campello (sem esquecer o apoio fundamental de nossas assessorias técnicas). Essas minutas, amplamente divulgadas e submetidas a emendas e sugestões, serão apreciadas e votadas democraticamente durante o IV Encontro Nacional dos Tribunais de Contas, neste mês de agosto, em Fortaleza. É claro que as Resoluções não obrigam os Tribunais. São recomendações. Porém, tenho a firme convicção de que contaremos com uma grande adesão às suas diretrizes, pois sinto que todos os Tribunais estão sintonizados e procurando atender às novas demandas sociais a partir de medidas que os tornem ainda mais efetivos e úteis à sociedade. Será, sem sombra de dúvidas, um outro marco fundamental no aperfeiçoamento institucional dos Tribunais de Contas brasileiros. Não posso deixar de mencionar, ademais, o papel da Atricon como elemento integrador do sistema de controle externo e construtor de importantes parcerias institucionais. É nosso dever dialogar com todos os Tribunais de Contas. O TCU, por exemplo, está cada vez mais integrado ao sistema, especialmente por meio das auditorias coordenadas com os demais Tribunais e, mais recentemente, com a elaboração conjunta de indicadores de governança pública. Essa aproximação teve início há alguns anos, especialmente na gestão do Ministro Benjamim Zymler, sendo ratificada e aprofundada com o atual Presidente, Ministro Augusto Nardes. Por fim, destacaria a nossa diretriz de aprofundar o diálogo e as parcerias com as nossas entidades coirmãs – IRB, Abracom, Audicon, Ampcon, Fenastc, Fenacontas, ANTC etc. –, bem como com o Legislativo, o Judiciário, o Ministério Público, o Controle Interno, os Conselhos Nacionais, Sebrae, OAB e demais Conselhos Federais, a STN, entidades do terceiro setor e com os meios de comunicação.

ENTREVISTA À *REVISTA DO TCE/MT* | 209

Quais os temas prioritários que serão apreciados e transformados em Resoluções da Atricon durante o IV Encontro Nacional dos Tribunais de Contas?

A temática central do IV Encontro é "O papel dos Tribunais de Contas frente às demandas sociais". A escolha desse mote não poderia ter sido mais apropriada, na medida em que a sociedade exige, cada vez mais, do Estado e, por conseguinte, de suas instituições, a máxima qualidade na prestação de serviços. As Resoluções tratarão ações e procedimentos atinentes às seguintes áreas de atuação: agilidade no julgamento de processos e gerenciamento de prazos; controle concomitante; composição e organização dos Tribunais de Contas; sistemas de Controle Interno dos Tribunais e dos jurisdicionados; comunicação institucional; gestão de informações estratégicas; Corregedorias; Ouvidorias; controle da ordem cronológica dos pagamentos públicos e controle das licitações e contratos referente às regras do Estatuto das MPE. Aprovadas as Resoluções, respeitadas a autonomia e as peculiaridades de cada Instituição, começaremos um trabalho de sensibilização dos Tribunais com vistas à adoção dos procedimentos decorrentes das diretrizes aprovadas. Estamos certos de que a observância deste núcleo de diretrizes e ações tornará o sistema de controle externo mais harmônico e integrado e, o principal, nossos Tribunais passarão a ser ainda mais efetivos e produzindo respostas concretas aos anseios da sociedade. A propósito, nossa expectativa é que a segunda fase do "Projeto Qualidade e Agilidade", que será realizada em 2015 – já robustecida, vale dizer, pelos critérios internacionais de avaliação por pares recomendados pela Intosai (SAI-PMF) –, já evidencie muitos dos avanços institucionais conquistados a partir da observância das diretrizes previstas em nossas resoluções.

Na pauta do IV Encontro consta ainda uma proposta de minuta de Emenda à Constituição Federal tratando do modelo de composição dos Tribunais de Contas. Sabe-se que existem aqueles que defendem os critérios atuais de indicação e há uma corrente que apoia algumas alterações nos critérios de escolha dos seus membros. Qual a posição da Atricon? Quais as principais mudanças que serão discutidas no IV Encontro?

Os atuais critérios e requisitos para o provimento dos cargos de Ministro do TCU e de Conselheiros dos Tribunais de Contas dos Estados e Municipais são lógicos e bastante razoáveis, como comprovam os enormes avanços institucionais registrados nestes últimos vinte e cinco anos, sob sua vigência. É forçoso reconhecer, no entanto, que essa é uma das pautas da sociedade e nós temos o dever de enfrentá-la e discuti-la com equilíbrio, transparência e de forma democrática. Faço a seguinte ponderação: como corolário das próprias crises contemporâneas do Estado e da democracia representativa (isso ocorre no mundo inteiro, diga-se), os Tribunais de Contas acabam herdando uma mácula de confiança numa proporção que se revela demasiada. Fala-se muito que nossas decisões são "políticas" em razão de a maioria de nossos membros serem originários da atividade parlamentar. Decerto que não podemos ignorar que, em alguns casos, tanto o Executivo como o Parlamento acabam negligenciando nas indicações dos membros dos Tribunais de Contas. Não é de hoje que a Atricon vem se manifestando publicamente pela observância de todos os critérios e requisitos constitucionais para a escolha de Ministros e Conselheiros. Porém, na grande maioria das situações, essa crítica acaba revelando uma visão, de certa forma, deturpada, de quem desconhece a realidade da grande maioria dos Tribunais de Contas brasileiros e, ao mesmo tempo, preconceituosa com a nobre atividade político-parlamentar. O que estará em debate no IV Encontro são ajustes pontuais nos critérios constitucionais de composição, que buscam preservar os avanços do atual modelo e também propiciar maior grau de confiança e reconhecimento social às nossas instituições. Considerando que a natureza da função fiscalizadora e julgadora exercidas pelos Tribunais de Contas é essencialmente técnica, à semelhança daquela exercida pela magistratura, discutiremos se não seria mais razoável que na composição dos Tribunais de Contas houvesse o predomínio de membros oriundos de suas carreiras técnicas (Substitutos, Procuradores de Contas e Fiscais), sem prejuízo de o Parlamento continuar indicando uma parte do colegiado e sabatinando e aprovando todos aqueles que forem indicados. A observância dos critérios da lei ficha limpa para os membros, como um dos indicadores de idoneidade moral e de reputação ilibada, e uma maior valorização dos membros substitutos, conferindo-lhes expressamente os mesmos direitos e prerrogativas de membros assemelhados na magistratura constituem também pautas importantes na discussão.

Os Tribunais de Contas ainda são instituições pouco conhecidas e, muitas vezes, incompreendidas pela sociedade. O que pode ser feito para melhorar a imagem dos Tribunais?

Venho repetindo que os Tribunais de Contas brasileiros são melhores do que aparentam. A maioria dos Tribunais investe na formação técnica do seu quadro de servidores (reconhecidamente um dos melhores da administração pública brasileira), em tecnologia da informação, em planejamento estratégico, no aprimoramento das ferramentas de auditoria, buscando padrões internacionais, na criação de ouvidorias e de escolas de contas e, especialmente, na fiscalização concomitante (em tempo real) da gestão. Todos esses avanços, alavancados especialmente após a CF/88 e a LRF, alçaram os Tribunais de Contas a um outro nível de atuação, malgrado a necessidade, como já dissemos, de aprimoramentos. Um dos nossos grandes desafios, portanto, é demonstrar de forma clara e objetiva para o cidadão e os formadores de opinião o nosso papel e todos os nossos avanços. Por exemplo: muitos afirmam que as deliberações dos Tribunais de Contas não têm qualquer consequência para os maus gestores e para os cofres públicos. Ledo engano. Os Tribunais, cada vez mais, atuam preventivamente sobre licitações e contratos. Bilhões de reais são economizados todos os anos a partir da nossa fiscalização cautelar, que determina, de forma cogente, aos gestores públicos, a redução de orçamentos em licitações e de preços contratados que estejam fora dos níveis de mercado. Não fosse essa atuação profilática, os vultosos danos ao erário seriam concretizados, já que a legislação processual não facilita o ressarcimento das perdas já consumadas. Lembro também que recente estudo divulgado pela USP demonstrou que a hipótese da lei da ficha limpa que mais causa a inelegibilidade de gestores é justamente aquela que decorre do julgamento das contas pelos Tribunais de Contas. Na verdade, são muitos os exemplos de nossa efetividade, mas talvez o principal exemplo não esteja sendo bem divulgado ou compreendido. A rigor, nossa maior efetividade reside no exercício cotidiano do poder fiscalizador. É a presença dos técnicos nos órgãos públicos, é a realização de auditorias e inspeções, é o julgamento das contas, é a nossa função pedagógica, os melhores antídotos para se combater a corrupção e inibir desperdícios e ilegalidades na gestão pública. Esse benefício é de difícil mensuração, mas é verdadeiro. Toda essa contextualização é para dizer que é urgente que cada TC brasileiro adote uma política e um plano de comunicação institucional com o objetivo de divulgar suas ações (auditorias, julgamentos...), por meio de TVs, rádios, jornais, revistas e redes sociais. A Atricon, especialmente por meio de sua Rede de Comunicação, apoiará os Tribunais de Contas neste desafio e trabalhará para instituição de um plano nacional de comunicação. A sociedade precisa nos enxergar como instituições a serviço da república, da democracia e dela própria.

Qual a posição da Atricon sobre a criação do Conselho Nacional dos Tribunais de Contas?

A criação de um conselho nacional (CNTC) nos mesmos moldes do Conselho Nacional de Justiça (CNJ) para os Tribunais de Contas é fundamental para o nosso aperfeiçoamento. Consta do nosso plano estratégico e é apoiado pela grande maioria dos nossos membros. Ajudará a coibir desvios éticos e exigirá de todo o sistema um padrão de atuação baseado em resultados que impliquem qualidade e agilidade do processo de controle. Existem várias propostas, mas a PEC nº 28 está mais adiantada e é a que mais se aproxima de um modelo racional de competências e composição. Todavia, desde a gestão passada, a Atricon deliberou no sentido de propor a exclusão dos membros do Ministério Público de Contas da jurisdição do CNTC, considerando que sua vinculação está mais afeta ao Conselho Nacional do Ministério Público (CNMP). Da mesma forma, há quem enxergue na referida PEC, em relação à sua composição, a ausência de membros oriundos da sociedade civil. Decerto que ela prevê indicações do Poder Legislativo, o que já evidencia uma abertura para a sociedade, mas cabe sim uma melhor reflexão de nossa parte sobre essa crítica e, se for o caso, propormos aperfeiçoamentos pontuais em seu texto. Há também aqueles que defendem que os membros dos Tribunais de Contas se subordinem ao CNJ, alguns destes alegando – equivocada e deselegantemente – que a nossa proposta seria um verdadeiro "clube de amigos". Respeitamos todas as posições, mas essa afirmação não procede. Para ela ser verdadeira, aqueles que a defendem deveriam apontar os próprios CNJ e CNMP como um "clube", tendo em conta o predomínio de magistrados e membros do MP em suas respectivas composições. E, convenhamos, não é assim que a sociedade avalia as suas atuações. Por outro lado, os membros do CNJ não conhecem a realidade dos Tribunais de Contas, o que dificultaria sua atuação regulatória de procedimentos e metas em relação aos nossos Tribunais.

Alguns Tribunais de Contas ainda não conferem aos seus Membros-Substitutos (Ministro e Conselheiros-Substitutos) e aos membros do Ministério Público Especial junto aos Tribunais as devidas prerrogativas e condições administrativas para o cumprimento de suas competências constitucionais. O que a Atricon está fazendo para corrigir essas distorções?

É objetivo estratégico da Atricon o fortalecimento dos papéis dos Auditores (Ministros e Conselheiros Substitutos) e dos Procuradores de Contas. Representam dois importantes avanços para o sistema controle externo. A Atricon, também não é de hoje, defende a máxima efetividade do modelo constitucional de composição, com a presença de representantes dessas duas carreiras. Estamos abertos para discutir possíveis aperfeiçoamentos constitucionais – como são provas algumas discussões já postas no IV Encontro –, e não mediremos esforços para sensibilizar todos os Tribunais de Contas para a urgente necessidade de conferir-lhes a necessária estrutura administrativa, fundamento basilar para efetivo exercício de suas prerrogativas, notadamente a independência funcional. As próprias atribuições de judicatura dos Auditores (Ministros e Conselheiros Substitutos) estarão em debate no IV Encontro com vistas a garantir-lhes plena efetividade.

ENTREVISTA À REDE NOSSA SÃO PAULO

Maio de 2014

Em relação ao cumprimento da Lei de Acesso à Informação (LAI), qual a sua avaliação sobre os Tribunais de Contas?
A LAI veio para fortalecer o controle, a democracia e a República. O cidadão precisa ter amplo acesso aos atos de gestão, notadamente aqueles que digam respeito à aplicação dos recursos públicos. Os Tribunais de Contas estão cientes do seu papel, tanto para serem exemplos de transparência quanto para fiscalizarem o cumprimento da lei por parte dos gestores públicos.

Já existe algum Tribunal de Contas que disponibilize ativamente na internet os relatórios técnicos de auditorias após a primeira manifestação dos auditados?
No diagnóstico realizado em 28 tribunais pelo Projeto Qualidade/ Agilidade dos Tribunais de Contas, em 2013, a Atricon detectou que 50% deles já divulgam os relatórios técnicos antes do julgamento dos processos pelas instâncias decisórias. Existem argumentos jurídicos razoáveis para a divulgação antes ou depois do julgamento. No entanto, embora o tema continue na pauta dos nossos debates, a Associação vem recomendando aos tribunais que divulguem o teor dos relatórios após a apresentação da defesa. Essa posição de equilíbrio busca preservar o princípio da transparência e o direito à defesa e ao contraditório, mas deixando sempre claro que o juízo de valor consignado no relatório é preliminar.

Em sua avaliação, os principais trabalhos produzidos pelos Tribunais de Contas deveriam ser disponibilizados à população? Esse procedimento de transparência já é seguido por algum tribunal?

Em rigor, os tribunais têm o dever de divulgar esses dados amplamente, por meio de TV, rádio, portais de transparência e do cidadão, jornal, revista e redes sociais. Esse procedimento, conforme indica o diagnóstico do citado Projeto Qualidade/Agilidade dos Tribunais de Contas, já é realidade na maioria deles. Mas sempre é possível melhorar e foi com esse objetivo que a Atricon criou a Rede de Comunicação dos Tribunais de Contas, integrada pelos chefes dos departamentos de comunicação social de todos os tribunais, com vistas a aperfeiçoar a comunicação com a sociedade.

O senhor é favorável à criação de ouvidorias nos Tribunais de Contas?

Sou um árduo defensor da criação de ouvidorias, cuja função primordial é servir ao cidadão, representando valioso instrumento de controle social e de transparência. Idêntico posicionamento é defendido pela Atricon, que inclusive estabeleceu como um dos indicadores do Projeto Qualidade/Agilidade não apenas a existência de ouvidorias nos tribunais, mas, sobretudo, a adoção de sistemática que viabilize a sua efetiva atuação, com a apresentação de respostas rápidas às demandas do cidadão. E o resultado do diagnóstico foi bastante positivo: 86% dos tribunais possuem ouvidorias. O passo seguinte, a ser dado conjuntamente pela Atricon e pelo Colégio de Corregedores e Ouvidores dos Tribunais de Contas (CCOR), é o estabelecimento de diretrizes destinadas à definição de metas e indicadores de desempenho das ouvidorias.

É sabido que em alguns Tribunais de Contas o julgamento de determinados processos pode levar mais de 20 anos. O que o senhor pensa sobre a ideia de se estabelecer prazos máximos para o julgamento dos processos?

A morosidade no julgamento de processos é tema recorrente nas discussões que envolvem os tribunais em geral, não apenas os Tribunais de Contas. No âmbito da Atricon, essa questão tem ocupado posição de destaque nos debates atuais e está sendo enfrentada com muita determinação pelos membros de todos os Tribunais de Contas, sob a premissa de que, para se garantir efetividade à atuação do controle externo, todo processo deve durar um tempo razoável e socialmente aceitável. É fundamental a definição e o cumprimento de prazos razoáveis para a apreciação e julgamento de contas de governo e de gestão. Nesses casos, defendo que o julgamento ocorra, em regra, até o final do exercício seguinte ao que se refere. Da mesma forma, estão em pauta os prazos relacionados ao julgamento de denúncias, de representações, de recursos, entre outros. Paralelamente, também é preciso pensar na implementação de mecanismos voltados à eliminação do estoque e racionalização dos processos. Tudo isso, aliado a uma rigorosa sistemática de gerenciamento de prazos em todas as fases dos processos, com total transparência ao cidadão.

Em sua avaliação, os tribunais prestam contas à sociedade do trabalho que realizam?

Os Tribunais de Contas devem e prestam contas de suas atividades, não obstante sabermos que o exercício de prestar contas e de ser absolutamente transparente em seus atos sempre pode ser melhorado.

Como essa prestação de conta é realizada ou poderia ser feita?

Inicialmente, por obrigação constitucional, com a prestação de contas ao Poder Legislativo correspondente, para a emissão do parecer exigido pela LRF [Lei de Responsabilidade Fiscal]. Depois, com a divulgação de informações nos portais da internet e a disponibilização do serviço de informação ao cidadão, conforme exigências da Lei de Responsabilidade Fiscal e da Lei de Acesso à Informação. Essa prestação de contas ocorre também nas atividades e eventos destinados à promoção do controle social, oportunidade em que geralmente são apresentadas as funções do Tribunal de Contas, seus produtos e atividades, bem como todas as ferramentas, canais e informações disponibilizadas para o exercício do controle social.

Na cidade de São Paulo não existem as carreiras técnicas de procurador de contas e auditor substituto de conselheiro. Qual sua opinião, do ponto de vista jurídico, sobre a criação dessas carreiras, de modo a possibilitar que parte da composição do Conselho do Tribunal de Contas do Município seja técnica?

A presença dos auditores (ministros e conselheiros substitutos) e dos procuradores de contas do Ministério Público especial foram dois importantes avanços do modelo de composição dos conselhos previstos na Constituição de 1988. Com efeito, não encontro argumentos jurídicos razoáveis para justificar a omissão de um tribunal em criar a carreira do auditor e o Ministério Público de Contas. A Atricon defende como objetivo estratégico a efetividade do modelo de composição delineado pela Lei Maior. Não seguir rigorosamente as regras constitucionais é, com a devida vênia, postura que precisa urgentemente ser corrigida.

Como os tribunais podem contribuir para que o cidadão tenha maior conhecimento sobre as contas públicas e, com essas informações, possa exercer um maior controle social sobre o poder público?

Os Tribunais de Contas podem e devem acrescentar às suas atividades tradicionais de fiscalização outras ações efetivas, com vistas a fornecer à sociedade informações precisas e relevantes sobre a gestão dos recursos que são dos cidadãos. Um importante estímulo ao controle social é a ampla divulgação, antes das eleições, dos gestores que tiveram contas julgadas irregulares pelo tribunal. Além de poder gerar a inelegibilidade de alguns deles, por falha grave, o cidadão bem informado escolherá melhor os agentes políticos e isso implicará a melhoria da gestão e da nossa democracia. Outra ação relevante é divulgar os resultados de auditorias operacionais e de indicadores de avaliação de políticas públicas, subsidiando a participação popular e influenciando a condução dos planos da administração para alcançar resultados destinados à melhoria da vida da comunidade. Podemos acrescentar ainda o estabelecimento de vínculos sistêmicos com a sociedade civil organizada, estimulando-a e orientando-a para o exercício da cidadania e do controle social, a cobertura das sessões plenárias e a divulgação dos resultados dos julgamentos de processos por meio de notícias nos sites dos Tribunais de Contas.

Poderia citar outras experiências bem-sucedidas de Tribunais de Contas, na área da transparência e maior proximidade com o cidadão?

A implementação de atividades que aproximem o tribunal de contas da população, destacando-se a promoção de diálogos com o cidadão e os representantes da sociedade civil organizada, com o objetivo de estimular a sua participação na administração. A capacitação de membros do legislativo e dos conselhos constitucionais, bem como gestores públicos de áreas específicas, tendo por objetivos melhorar os resultados na gestão dos recursos públicos e qualificar as políticas públicas. E, por fim, a publicação de sumários executivos das auditorias, cartilhas, *folders*, gibis e vídeos sobre temas relacionados à administração pública, em linguagem acessível ao cidadão, efetivando a transparência e o exercício do controle social.

ENTREVISTA AO *DIÁRIO COMÉRCIO INDÚSTRIA & SERVIÇOS* (DCI)

Fevereiro de 2014

Quais são as propostas de atuação do novo presidente da Atricon? Na última gestão, liderada como muita competência pelo Presidente Antônio Joaquim, construímos, de forma democrática, um planejamento estratégico para o período 2012/2017. A nossa plataforma de campanha esteve alinhada a esta estratégia e o nosso plano de gestão, que será discutido com a nova Diretoria e o novo Conselho Deliberativo, em meados de março, seguirá nesta mesma perspectiva. Na atual conjuntura, o nosso foco principal continuará sendo as ações que visem ao aperfeiçoamento institucional dos Tribunais de Contas brasileiros e à consolidação do sistema "Tribunais de Contas", a exemplo da continuação dos esforços com vistas à criação do nosso Conselho Nacional e da defesa parlamentar e judicial de nossas competências constitucionais.

Outras prioridades: a) atuar junto a organismos internacionais, como o BID e o Bird, com vistas a obter recursos para consolidar, em todos os nossos Tribunais, as normas internacionais de auditoria governamental recomendadas pela Intosai; b) aperfeiçoar o diálogo entre os próprios Tribunais e com as demais entidades representativas ligadas ao controle, discutindo, cada vez mais, as propostas que objetivam aprimorar o modelo de controle externo brasileiro e a própria gestão pública; c) aperfeiçoar o diálogo com a sociedade, deixando claro para o cidadão que a atuação dos Tribunais de Contas está relacionada diretamente com a qualidade dos serviços prestados pelo Estado na educação, saúde, meio ambiente, etc., tarefa que não pode ser realizada sem a contribuição e parceria dos meios de comunicação, sem esquecer, claro, d) a defesa da melhoria das condições de trabalho, especialmente a questão dos subsídios dos membros dos Tribunais, que sofreram, nos últimos anos, relevante queda no seu poder aquisitivo; do mesmo modo, defenderemos o aperfeiçoamento do papel dos membros substitutos (Ministros e Conselheiros Substitutos) no exercício de suas atribuições constitucionais. A parceria com o Instituto Rui Barbosa (IRB), que será presidida pelo eminente Conselheiro Sebastião Helvécio, com vistas ao apoio à produção e ao compartilhamento do conhecimento e das boas práticas, será outra importante ação.

Qual a sua avaliação sobre a aplicação do Regime Diferenciado de Contratações, PAC e agora há uma proposta para os presídios?

Vejo de forma positiva o RDC, pois esta nova modalidade de licitação trouxe inovações em prol da eficiência e da economicidade. A lei foi muito adequada ao limitar a aplicação desta nova modalidade a objetos estratégicos do país, como a Copa do Mundo, os Jogos Olímpicos e as ações integrantes do Programa de Aceleração do Crescimento (PAC). Algumas destas obras têm data de entrega já fixada em compromissos internacionais e, devido a sua magnitude, o procedimento ordinário de licitação não seria o mais eficiente. O RDC também acerta quando prevê mecanismos para a redução do custo das obras, pois, por exemplo, o contratado assume a responsabilidade pela execução global de todas as etapas da obra, bem como pelos riscos inerentes. É importante destacar que estas mudanças de procedimento do RDC não afetaram os órgãos de controle e a transparência. Os Tribunais de Contas têm exercido suas fiscalizações, nas obras regidas pelo RDC, da mesma maneira que auditam as obras decorrentes de outras modalidades de contratação. Certamente essas últimas experiências levarão o legislador a efetuar as devidas correções neste procedimento. Os Tribunais de Contas poderão colaborar com os Poderes Executivo e Legislativo com vistas ao aperfeiçoamento não só da lei especial do RDC (como fez o TCU, com proficiência), mas também no novo, e fundamental, projeto de lei, ora tramitando no Congresso, que substituirá a Lei nº 8.666/93. Simplificar e agilizar os procedimentos licitatórios sem mitigar a legalidade, a impessoalidade e a eficiência da gestão pública é o grande desafio com que nos deparamos neste tema.

ENTREVISTA AO *DIÁRIO COMÉRCIO INDÚSTRIA & SERVIÇOS* (DCI) | 221

Em quais condições, os Tribunais de Contas podem tornar inelegíveis atuais ocupantes de cargos públicos para as próximas eleições? Os Tribunais seguem os mandamentos da Lei da Ficha Limpa?

É importante deixar registrado, de pronto, que os Tribunais de Contas não tornam, diretamente, agentes públicos inelegíveis. Isso é papel da Justiça Eleitoral. Ocorre que a principal causa que pode tornar um gestor público inelegível decorre do julgamento de suas contas pelos Tribunais de Contas. Caso tenham suas contas julgadas irregulares pelo TC e se a Justiça Eleitoral entender que aquelas irregularidades caracterizam atos de improbidade dolosa (irregularidades graves), aquele gestor ficará inelegível. A Lei da Ficha Limpa é, de fato, um marco importante para o aperfeiçoamento de nossa democracia, de nossa governança pública e a atuação dos Tribunais de Contas é decisiva para a efetividade da lei. E todos nós temos atuado muito bem neste mister.

O Tribunal de Contas da União anunciou que conseguiu reaver em 2012 R$300 milhões referentes a recursos públicos que foram desviados ou mal utilizados. O senhor tem uma avaliação sobre quanto os Tribunais conseguem reaver para o erário?

As decisões dos Tribunais de Contas podem ensejar a determinação de ressarcimento para aqueles gestores que causaram dano ao erário. A Constituição até qualifica essa nossa decisão com a eficácia de "título executivo". No entanto, os dados apontam que o índice de ressarcimento – que depende fundamentalmente das ações movidas pelo próprio erário-credor, e não do Tribunal – ainda é baixo. Nada obstante, é a atuação preventiva dos Tribunais de Contas – aquela que decorre do nosso poder cautelar, especialmente quando se analisa os editais de licitação e os seus orçamentos – que vem gerando relevante economia para os erários. Essa ação preventiva que o TCU e a grande maioria dos Tribunais de Contas vem realizando é, sem dúvida, a mais efetiva. Ela deve ser equilibrada, excepcional, levar em conta os riscos da sustação de um ato de gestão, mas, repito, que essa atuação concomitante, em tempo real, foi um dos mais relevantes avanços na efetividade do controle exercido pelos Tribunais de Contas na defesa do patrimônio do cidadão. Com isso, evitamos o dano, o desperdício, o superfaturamento, o desvio, seja decorrente de negligência do gestor, seja decorrente de atos de corrupção. Prevenir, respeitando-se o equilíbrio entre o tempo da gestão e o tempo do controle, é sempre melhor do que remediar.

Qual é a posição da Atricon à aplicação da Lei Geral das Micro e Pequenas Empresas por todos os municípios brasileiros? Prossegue na sua gestão a parceria com o Sebrae? Qual é a sua avaliação sobre os resultados dessa parceria?

Com certeza deveremos dar continuidade a essa iniciativa. Os Tribunais de Contas não podem se omitir na defesa da efetividade dessa importante lei, seja porque ela traz regras especiais e obrigatórias em relação às compras governamentais, seja porque ela poderá colaborar com a eficiência do gasto e o desenvolvimento econômico local, o que, por conseguinte, melhorará os indicadores fiscais do ente federativo, especialmente dos municípios, que podem incrementar a arrecadação de suas receitas próprias e incentivar o empreendedorismo local. Nesta profícua parceria, também iniciada na emblemática gestão anterior, tivemos uma primeira etapa de encontros de sensibilização, mas penso que é chegado o momento de os Tribunais de Contas passarem a responsabilizar aqueles gestores que deixarem de cumprir as regras da referida lei geral.

Quais sanções as prefeituras podem sofrer se não aplicarem as exigências da Lei Geral das Micro e Pequenas Empresas especialmente no que se refere a tratamento diferenciado para o segmento?

A omissão deliberada no cumprimento dessas regras pode gerar multas, ensejar o pronunciamento dos Tribunais quanto à irregularidade das contas dos gestores responsáveis, o que, como vimos, pode até resultar na inelegibilidade desses agentes.

Como enfrentar a carência de capacitação dos gestores e técnicos públicos para aplicar essas medidas?

Esse é de fato um dos grandes desafios da administração pública brasileira. Como vem dizendo com propriedade o Presidente do TCU e da Olacefs, Ministro Augusto Nardes, o nível de governança pública no Brasil é um problema estrutural. Com efeito, estamos longe, especialmente nos pequenos municípios, de um grau de governança pública adequado. Basta dizer que o planejamento estratégico não é uma realidade, os sistemas de controle interno não estão estruturados, a transparência ainda enfrenta obstáculos e o quadro de servidores, no mais das vezes, não está capacitado para estes grandes desafios. É um problema de todos nós. Os Tribunais de Contas procuram atenuar essa realidade a partir de capacitações oferecidas por suas Escolas de Contas e pelo importante Instituto Rui Barbosa. Mas a resolução definitiva desse problema passa necessariamente por uma reforma do nosso pacto federativo (especialmente do federalismo fiscal, da repartição das receitas públicas) e de uma reforma educacional estrutural.

Os governos, em geral, resistem a aceitar a suspensão de repasse de recursos para obras que apresentaram grandes indícios de irregularidades, preferindo sanar as irregularidades sob a alegação de não prejudicar as comunidades a serem beneficiadas pelas obras sob suspeita. Qual é a sua opinião sobre a reação dos governos ao trabalho dos Tribunais?

Em casos graves, em que os riscos da continuidade de uma obra sejam maiores do que os da paralisação, não há dúvidas de que a suspensão temporária ou limitadora dos repasses é benfazeja. Confesso que não tenho visto exageros na atuação do TCU e de outros Tribunais nesta questão. Os gestores, ao planejarem os prazos de conclusão de suas obras, de suas ações de governo, devem levar em conta o tempo de atuação dos órgãos de controle, interno e externos. Por outro lado, os órgãos de controle devem atuar, nessa ação preventiva, da maneira mais célere possível e ter a sensibilidade de que, em certos contextos sociais e técnicos, a continuidade da obra, com a posterior responsabilização do agente, revela-se o mais razoável. Outra forma de diminuir essa natural tensão controle-gestão é a antecipação da discussão. Respeitando-se, claro, o sagrado poder discricionário dos gestores, estou certo de que aqueles administradores públicos que se antecipam e procuram ouvir o Tribunal de Contas e os seus próprios órgãos jurídicos e de controle interno são os que menos enfrentam problemas na hora da execução de seus contratos. E os Tribunais devem estar – e estão – abertos a esse diálogo preventivo e pedagógico, sem abrir mão, decerto, do seu poder fiscalizador/julgador.

Como vai a tramitação do projeto que cria o Conselho Nacional dos Tribunais de Contas (CNTC). Qual é a importância do projeto?

Sabemos que a criação do CNTC não será a panaceia para todos os nossos problemas e desafios históricos. No entanto, estou certo de que a sua criação, tal qual aconteceu com o CNJ, para o Judiciário, ajudará a diminuir as nossas assimetrias institucionais, na medida em que assegurará um padrão de atuação nacional para os Tribunais de Contas, sem esquecer das questões éticas e disciplinares, que, da mesma forma que existem em outros Poderes, atingem nossos Tribunais. Particularmente, sou contra a nossa inclusão na jurisdição do CNJ, como alguns defendem, especialmente porque existem muitas diferenças em relação aos procedimentos e tipologias processuais em nossas atuações. No entanto, defenderei na Atricon que o debate seja ampliado, especialmente com a sensibilização do Congresso Nacional, da sociedade civil, bem como das demais entidades afins com o tema, com vistas a que cheguemos a um modelo de CNTC equilibrado, legitimado, econômico e efetivo.

ENTREVISTA AO *JORNAL DO COMMERCIO*

Janeiro de 2014

O senhor é o primeiro auditor de carreira a chegar à presidência do TCE. O que muda?
Significa um amadurecimento do tribunal. É o tribunal provando que está cumprindo os ditames da Constituição Federal. Por incrível que pareça, existem tribunais no Brasil que não cumprem essa determinação de conselheiro de carreira, quer seja da auditoria, quer seja do Ministério Público. É claro que um conselheiro que chegue à presidência, que tenha experiência de gestão, parlamentar ou técnica vai, de alguma forma, contribuir com essa sua origem e seu histórico para atuação. Agora tem um detalhe: o tribunal tem um planejamento estratégico, que é construído coletivamente, discutido com os servidores num primeiro momento. Depois, com o corpo gerencial e com a alta administração. Nesse plano estratégico você tem as diretrizes. Hoje, temos 11 diretrizes, com os objetivos estratégicos e ações específicas. Cada presidente pode dar o seu foco dentro do planejamento estratégico.

Quais serão as prioridades da sua gestão?
Vamos priorizar três áreas. O fortalecimento da auditoria, sobretudo em relação à qualidade e à agilidade na sua realização e no julgamento de processo. E como se consegue? Com tecnologia da informação. A meta vai ser transformar todos os processos nossos em processos eletrônicos. Hoje, temos só em atos de pessoal. Ao final de dois anos a meta é que todos os processos, principalmente de prestação de contas, já sejam eletrônicos. O uso forte de inteligência e cruzamento

de informações com outros órgãos de controle, especialmente com o Ministério Público. Uma atuação cada vez mais integrada entre auditores, promotores no âmbito da fiscalização. O uso do controle preventivo é fundamental. E procurar convergir nosso plano de auditoria, nossa forma de auditar cada vez mais para o padrão internacional ditados pela Intosai – Organização Internacional de Entidades Fiscalizadoras Superiores. O Brasil já tem as normas de contabilidade nesse padrão internacional. Não tenho dúvidas de que a nossa auditoria é uma das melhores do Brasil, só que sempre se pode avançar mais.

De que maneira?

Procurando fazer capacitação dos servidores e dos técnicos para que a convergência com as normas internacionais seja, de fato, uma realidade. Essa é a primeira prioridade, que tem tudo a ver com a minha origem, que é justamente valorizar o trabalho técnico de fiscalização e também trabalhar pela agilidade da parte de julgamento. Não adianta ter uma fiscalização ágil e o processo parar no julgamento. Ou o contrário. Precisamos conquistar o equilíbrio entre o tempo de cada procedimento. Minha segunda prioridade é reforçar que o tribunal tradicionalmente tem um papel pedagógico. Afora o que a Escola de Contas já faz, vou propor ao Pleno um programa. Chama-se "Tecendo Planejamento". Vai ser uma capacitação focada para aqueles municípios mais pobres.

Qual é o critério?

Menores Índices de Desenvolvimento Humano (IDHs). Os gestores que toparem se capacitar na ferramenta – que julgo a mais transformadora em matéria de governança pública – e implantar um planejamento estratégico com técnica, o tribunal vai capacitar gratuitamente. Minha meta é em 2014 capacitar os dez municípios com menores IDHs. E, dependendo de como for a experiência, isso passará a ser uma política permanente do tribunal. Como construir um indicador, como saber aproveitar a potencialidade econômica da região, para que se crie empregos, se possa fazer a atração dos investimentos.

Onde entra a comunicação?

O tribunal é um órgão pouco conhecido e pouco compreendido. Não é Judiciário, não é Legislativo. Um órgão previsto na Constituição, com uma série de competências, importante e que a população muitas vezes não sabe captar qual é a função. Então, um desafio nosso é dialogar

ENTREVISTA AO *JORNAL DO COMMERCIO* | 227

com a sociedade e com a imprensa. O tribunal se apresentar melhor para o cidadão. Através de uma política de comunicação cada vez mais fortalecida. Os Tribunais de Contas do Brasil, especialmente o de Pernambuco, é melhor do que aparenta para a sociedade. Quem conhece já entende o papel, já compreende que temos um bom trabalho. Agora, muitos não conhecem. Se conhecessem teriam um conceito melhor do papel que nós efetuamos em matéria de controle da gestão. Não apenas na questão do benefício financeiro, que é muito importante, você evitar um prejuízo, mas só pelo fato de existir um controle. Isso não tem preço. Outra coisa: queremos nos inserir nas redes sociais. Vamos ingressar no Facebook, Twitter, criar uma TV web para transmitir o resumo das sessões. Vamos criar uma rádio.

O fato de o TCE ter muitos indicados políticos não compromete a imagem que vocês estão querendo melhorar?

Não tenho dúvida de que o tribunal, de alguma forma, sofre, em matéria de imagem, uma crise que atinge o próprio Estado, a democracia e a classe política. Ora, como existe, de fato, conselheiros oriundos da classe política, nós sofremos gratuitamente um pouco dessa crítica. Quem acompanha o trabalho do dia a dia e vê a qualidade dos votos que são proferidos por esses conselheiros que vêm da Assembleia ou são indicação do governador, tem um conceito diferente. Vê que é um trabalho sério, que é um trabalho honesto. Em rigor, acho que o nosso modelo de indicação é um dos mais avançados em matéria de Tribunais de Contas. Ele prevê o quê? Uma parte vem da representação parlamentar. Prevê dois oriundos da carreira, o que já foi um avanço porque não existia isso antes e prevê uma indicação livre do governador, todos respeitando critérios e passando pelo crivo do Legislativo. Já é um modelo razoável e Pernambuco tem sido feliz com a escolha de conselheiros, por isso nosso tribunal é de referência. Podemos discutir critérios de aperfeiçoamento no processo de escolha? Podemos! Cabe. Sempre defendi que caberia uma mudança constitucional, aumentando a participação das carreiras no colegiado.

Mas nem sempre as regras são cumpridas no momento da indicação.

Existem também muitos equívocos. Especialmente quando se fala na vaga da Assembleia. Quando se diz que a vaga é da Assembleia não é obrigado que seja parlamentar. Qualquer cidadão pode chegar na Assembleia e dizer que quer concorrer a uma vaga no tribunal, desde que cumpra os requisitos. Eu diria que a indicação de um membro do TCE é uma das mais importantes que existe dentre os tribunais. Não apenas o Legislativo quanto o Executivo têm que ter uma responsabilidade máxima, porque estará indicando pessoas que vão cuidar dos recursos do povo. A rigor, se os atuais requisitos fossem cumpridos ao pé da letra, já seria muito bom. Também defendo a mudança do quórum da sabatina para dois terços, ao contrário da maioria simples, que é hoje.

ENTREVISTA À *REVISTA DO TRIBUNAL DE CONTAS DO ESTADO DE MINAS GERAIS* – TCE-MG

Setembro de 2011

O Tribunal de Contas de Pernambuco conta com sedes regionais no interior do Estado, as chamadas inspetorias, criadas desde 1993, com o fim de descentralizar as atividades de fiscalização e auditoria. Quais os benefícios alcançados com a descentralização do controle? Como se dá a gestão integrada dessas regionais, em especial, levando-se em conta que a área meio e os julgamentos são centralizados na sede do TCE-PE?

O objetivo principal foi aproximar ainda mais o controle da gestão pública. Aproximação que se concretizou de duas formas. Primeiro, inserindo as equipes técnicas no contexto local onde acontecem os fatos administrativos passíveis de controle. Com isso, permitiu-se incrementar o controle em tempo real (concomitante) do gasto público. Por outro lado, fortalecemos a nossa atuação pedagógica, na medida em que os jurisdicionados passaram a receber orientações e a esclarecer muitas dúvidas diretamente nas inspetorias. Cada regional possui um pequeno quadro administrativo, e a relação com o corpo julgador é similar à que acontece com os demais departamentos do TCE. Malgrado todo o êxito dessa política, é forçoso reconhecer que, com o desenvolvimento da tecnologia da informação, permitindo a instituição da prestação de contas pelo processo eletrônico, faz-se necessário – à luz dos princípios da eficiência e da economicidade – uma reavaliação periódica do tamanho dessa descentralização.

No seminário realizado no Tribunal de Contas de Pernambuco, em 24 de novembro de 2010, V. Exa. proferiu palestra intitulada "O tempo da gestão e o tempo do controle", em que ponderou sobre a necessidade de se evitar a banalização do uso de medidas cautelares. Qual a efetiva contextualização dessa assertiva?

Afirmo, de pronto, que o poder geral de cautela dos Tribunais de Contas, assegurado implicitamente pela Lei Maior de 1988 e reconhecido pelo STF em meados da década passada, é um dos principais instrumentos garantidores da efetividade de nossas ações em defesa do erário, especialmente quando aplicado para prevenir ilegalidades em procedimentos licitatórios e, em alguns casos, em contratos administrativos. No entanto, a presunção de legalidade dos atos administrativos, aliada ao princípio da continuidade da gestão pública, faz-nos concluir que a adoção de medidas cautelares deve ser a exceção e não a regra. O Tribunal não pode substituir o administrador. Para adotar uma cautelar, o julgador deve estar seguro da existência de fortes indícios de irregularidades, da relevância econômica e social da questão e também de que a suspensão de um procedimento licitatório, por exemplo, não será mais danosa para o erário do que permitir a sua continuidade, sem prejuízo da responsabilização do agente público, causador da ilicitude, quando do julgamento de suas contas. Analisando o cenário nacional, vê-se que, de um lado, existiram situações em que houve certo exagero por parte de Tribunais de Contas na adoção de cautelares, mas, de outro lado, a reação desmedida de alguns administradores públicos é sintoma, no mais das vezes, de incapacidade e ineficiência gerencial.

Para a fiscalização das obras e de projetos relacionados à Copa do Mundo de Futebol de 2014, o Tribunal de Contas de Minas Gerais designou uma equipe especial de trabalho. Também o Tribunal de Contas de Pernambuco criou uma "força-tarefa" para agilizar a análise de legalidade dos editais de licitação e, por conseguinte, acompanhar a execução dessas obras. Como relator dos processos da Copa de 2014, é possível fazer um balanço das atividades desempenhadas até o momento?

As obras relacionadas diretamente ao evento Copa de 2014 têm prazo certo para conclusão. Por outro lado, tivemos, em passado não distante, sérios problemas na execução e no controle de obras públicas referentes a outros eventos esportivos internacionais, sediados no Brasil. Por isso, o nosso Presidente, Conselheiro Marcos Loreto, com o apoio do Pleno do TCE-PE, decidiu criar um grupo especial de servidores dedicados exclusivamente a analisar os editais, contratos e a execução das obras de mobilidade urbana e da arena da copa. Essa iniciativa tem logrado êxito. Em relação aos projetos de mobilidade, os gestores estão enviando toda a documentação para o TCE e, regra geral, têm atendido às nossas determinações. Em relação à Arena da Copa (estádio), o desafio também é grande, pois o Governo optou por construí-la numa parceria público-privada e o nosso papel tem sido o de acompanhar a execução físico-financeira da obra e o de alertar a administração para possíveis problemas relacionados a riscos futuros que possam afetar a sustentabilidade econômica do empreendimento.

O programa TCEndo Cidadania do TCE-PE visa esclarecer dúvidas sobre a atuação das cortes de contas, estimulando a sociedade a participar da fiscalização dos gastos públicos, por meio de fóruns de debates e palestras ministradas por servidores em diversos municípios pernambucanos. V. Exa acredita que o controle social é a grande aposta para fazer valer a democracia? Existem outras iniciativas nesse sentido?

O programa contempla três projetos: o Fórum TCEndo Cidadania, que tem como público-alvo lideranças sindicais, associações, servidores públicos, profissionais liberais e cidadãos em geral; o Escola de Cidadania, destinado ao público estudantil, do ensino básico ao superior; e a Capacitação dos Conselheiros Municipais, voltado ao treinamento de membros de conselhos municipais de educação, saúde, criança e adolescente, Fundeb, etc. O grande desafio desse programa é despertar, em linguagem adequada para cada público, os valores da cidadania, da democracia, da república, o papel dos Tribunais de Contas e dos Poderes, os meios ao alcance da sociedade para colaborar com a gestão e fiscalizar a aplicação dos recursos públicos e, ainda, orientando como ele, cidadão, pode ser um parceiro atuante dos órgãos de controle. Não tenho dúvidas de que essa aliança cidadão-órgão de controle fortalece a democracia e aumenta a efetividade de nossa atuação na proteção do erário. Na mesma linha, temos o programa "parcerias permanentes", desenvolvido pela ouvidoria do TCE consiste em fazer uma interlocução mais próxima e efetiva com cidadãos que, em razão de sua atuação profissional, pública ou privada, possuam melhores condições de fornecer ao Tribunal informações mais qualificadas sobre possíveis irregularidades na gestão, a exemplo de lideranças sindicais, associações, conselheiros municipais, etc. com isso, fortalecemos a relação com o controle social e tornamos mais efetivo o direito à "denúncia-cidadã", consagrado no art. 74 da nossa Constituição.

Nos dias 1º e 2 de junho de 2011, foi realizado o X Encontro do Colégio de Corregedores e Ouvidores dos Tribunais de Contas do Brasil (X ECCOR) com o tema "O papel das Corregedorias e Ouvidorias diante da criação do Conselho Nacional dos Tribunais de Contas". No evento, V. Exa. se mostrou um entusiasta da criação do Conselho Nacional dos Tribunais de Contas (CNTC). Como a implantação desse Conselho contribuirá para o fortalecimento do controle exercido pelos Tribunais de Contas?

A sociedade e a maioria dos membros e servidores, que fazem os Tribunais de Contas, posicionam-se favoravelmente à criação do CNTC nos moldes do que já ocorre no Poder Judiciário, com a criação do CNJ, em 2004, o nosso Conselho, legitimado pela sua origem constitucional e dotado de poder cogente de abrangência nacional, servirá, entre muitos misteres, para conferir mais uniformidade e padronização às estruturas organizacionais e normativas dos Tribunais, para estabelecer estratégias nacionais de atuação eficiente e eficaz, definindo metas, indicadores e monitoramento de processos, além de zelar pela ética e pela probidade da atuação de nossos membros. Com ele, haverá, de fato, a possibilidade de instituirmos um verdadeiro sistema nacional de Tribunais de Contas. Comparando este momento presente com o contexto vivido há cerca de dez anos, em que, diante de problemas e desacertos na atuação de alguns de nossos órgãos e integrantes, havia quem defendesse a pura e simples extinção dos Tribunais de Contas, a proposta de criação do CNTC há que ser encarada como um reconhecimento de nossa crescente importância institucional, expressando ainda um desejo legítimo da sociedade de que a nossa atuação, enquanto guardiães-mores da probidade da gestão pública, seja referência nos quesitos legalidade, moralidade, transparência e eficiência.

As Propostas de Emenda à Constituição nº 28/2007 e nº 30/2007, que objetivam a criação do Conselho Nacional dos Tribunais de Contas (CNTC), buscaram, em certa medida, inspiração no modelo do Conselho Nacional de Justiça (CNJ). Contudo, existem particularidades que distanciam esses Conselhos, em especial, em razão da estrutura do Judiciário brasileiro e da composição das cortes de contas. Seria possível traçar um paralelo entre esses Conselhos? V. Exa. considera

ENTREVISTA À *REVISTA DO TRIBUNAL DE CONTAS DO ESTADO DE MINAS GERAIS* – TCE-MG | 233

importante a participação de representantes da sociedade civil no CNTC? E a participação de servidores efetivos dos Tribunais de Contas?

Decerto que, naturalmente, haverá muitas semelhanças entre o CNJ e o nosso Conselho Nacional. Comunicação já mencionei, a ambos cabe zelar pela celeridade (e qualidade) processual e também pela probidade da atuação de seus membros. No entanto, os órgãos e membros do Poder Judiciário sujeitos ao controle externo do CNJ são, em número, muito superior àqueles subordinados ao CNTC. Por isso, defendo, na mesma linha por que pugna a Atricon, uma composição mais enxuta, em torno de nove membros, muito aproximada daquela definida na PEC nº 28/2007. Poder-se-ia pensar, sim, num assento para a sociedade civil, sem prejuízo de que o próprio Poder Legislativo, legítimo representante do povo, possa fazê-lo, dentro das vagas que lhe cabem.

A PEC nº 28/2007 sugere o acréscimo de um inciso ao art. 22 da Constituição Federal de 1988, ampliando a competência da União para dispor sobre normas gerais de organização e processo nos Tribunais de Contas, o que representa uma abertura para a criação de uma lei nacional sobre a matéria. Considerando ainda iniciativas como o Anteprojeto de Lei Processual Nacional dos Tribunais de Contas, elaborado no âmbito do Programa de Modernização do Sistema de Controle Externo do País (Promoex), do Governo Federal, seria possível unificar procedimentos e normas no âmbito dos Tribunais de Contas diante da amplitude de especificidades regionais?

A atuação de todos os Tribunais de Contas brasileiros está bem delineada na Constituição Federal, ao longo dos arts. 70-75. Basicamente, o controle é exercido em duas vertentes: fiscalização e julgamento. Todos os tribunais possuem um quadro de servidores que fiscalizam os atos de gestão, por meio de auditorias e inspeções, produzindo relatórios técnicos, e um corpo julgador que coteja as conclusões desses relatórios com as razões trazidas pela defesa, proferindo o juízo de valor definitivo sobre a gestão. Como se vê, trata-se de uma atuação que exige a observância do princípio do devido processo legal. E é justamente nessa questão da ampla defesa, do contraditório, das notificações, dos prazos, das hipóteses recursais do processo cautelar que residem as maiores dessemelhanças entre nós. A lei processual viria com este objetivo precípuo: padronizar as regras gerais pertinentes ao devido processo legal. Tratando-se de princípios e regras gerais, não haveria conflito com as especificidades regionais. É uma causa histórica e todos nós devemos continuar lutando pela aprovação dessa lei, que, aliada à criação do CNTC, é fundamental para a consolidação do sistema nacional de Tribunais de Contas.

Qual o maior desafio encontrado por V. Exa. à frente da Corregedoria-Geral do TCE-PE? O que representa a criação de uma corregedoria nacional, nos moldes sugeridos por ambas as propostas de emenda constitucional para a instituição do Conselho Nacional dos Tribunais de Contas?

No último encontro do colégio de corregedores e ouvidores (X ECCOR), realizado em Cuiabá, discutimos bastante a necessidade de que todos os Tribunais de Contas estruturassem, a partir de um quadro permanente de servidores, suas corregedorias gerais, corregedorias que devem não só atuar na defesa da disciplina e da ética de seus servidores e membros, mas também realizar uma atividade correicional moderna, em sintonia com o planejamento estratégico do tribunal, zelando pela celeridade e qualidade processual e pelo fiel cumprimento de metas e indicadores. Correições que abranjam desde o servidor com funções mais simples até a alta administração. o TCE-PE há muitos anos possui uma corregedoria com essas características. Claro que aperfeiçoamentos são sempre possíveis e necessários, mas eu diria que o grande desafio é manter esse padrão de atuação e fazer com que a corregedoria seja, cada vez mais, um instrumento efetivo que induza e estimule todos nós a prestarmos um melhor serviço à sociedade. É certo que, com a criação do CNTC, também será instituída uma corregedoria nacional de contas. No entanto, essa corregedoria nacional, em regra, só atuará supletivamente à atuação das corregedorias locais, especialmente nas hipóteses de omissão ou negligência no cumprimento de suas atribuições. Daí minha afirmativa que a estruturação de corregedorias pelos Tribunais de Contas é fundamental para esse novo cenário que se avizinha de criação do CNTC.

O TCEMG habilitou-se como *amicus curiae* na Reclamação nº 10.456 que tramita no Supremo Tribunal Federal, a fim de defender as prerrogativas institucionais das cortes de contas, estatuídas na Constituição, e oferecer ao Supremo todos os elementos informativos necessários à resolução da controvérsia. A Reclamação, proposta pelo ex-Prefeito do Município de Ibicutinga/CE, baseada na interpretação dada na Ação Direta de Inconstitucionalidade nº 3.715, defende que

ENTREVISTA À *REVISTA DO TRIBUNAL DE CONTAS DO ESTADO DE MINAS GERAIS* – TCE-MG | 235

o Tribunal de Contas dos Municípios do Estado do Ceará não possui competência para julgar as contas de gestão ou atinentes à função de ordenador de despesas de chefes do Poder Executivo, nos termos do art. 71, II, da CF/88, mas apenas para emitir parecer opinativo, restando a competência para julgamento apenas das contas dos demais administradores e responsáveis. V. Exa. entende que há um desconhecimento do papel dos Tribunais de Contas por parte da sociedade e também das demais instituições republicanas, em especial do Poder Judiciário? Como V. Exa. avalia a intervenção dos Tribunais de Contas na qualidade de *amicus curiae*?

Não há dúvidas de que uma evolução do STF reconhecendo, a partir de uma nova interpretação, nossa competência para julgar prefeitos ordenadores de despesas seria um grande avanço para o controle e para a probidade da gestão pública. Sabemos que o julgamento proferido pelo Poder legislativo municipal tem natureza eminentemente política, ocorrendo, no mais das vezes, – e, sobretudo, quando divergem do parecer prévio emitido pelos Tribunais de Contas – sem a devida motivação. Há uma importante pesquisa realizada pela auditora Cristiana Meira Lins, do nosso tribunal, que comprova essa minha assertiva. Os vereadores simplesmente discordam do tribunal e pronto. Acho, portanto, válida a atitude do TCE-MG, de outros tribunais e da Atricon no sentido de envidar todos os esforços com vistas a uma mudança de paradigma na interpretação do STF confesso, contudo, que não enxergo no atual posicionamento do STF um desconhecimento de nossas atribuições e de nossa realidade. Trata-se apenas de uma interpretação mais conservadora do texto constitucional. O fato é que, a partir da "Lei da Ficha Limpa" e de posicionamentos mais ousados de muitos juízes eleitorais, a exemplo do ilustre ministro Carlos Ayres Britto, nunca estivemos tão próximos de ver reconhecida essa competência. Mas devo dizer que, se ainda não for desta vez, não devemos esmorecer, pois ainda nos restará uma gama enorme de competências constitucionais aptas a nos manter na linha de frente do controle da gestão pública, sem prejuízo, claro, de continuarmos nossa luta com vistas a sensibilizar o Judiciário, o Legislativo e a sociedade em geral de que o julgamento das contas do prefeito ordenador de despesas pelos Tribunais de Contas está mais consentâneo com os princípios republicanos e a moralidade administrativa.

O TCEMG vem passando por mudanças na sua estrutura, racionalizando procedimentos e dimensionando melhor sua sistemática

de funcionamento e gestão. Nesse cenário, a Lei Orgânica (Lei Complementar nº 102/2008) e o Regimento Interno (Resolução nº 12/2008) trouxeram novas atribuições aos auditores, que passaram a relatar processos de competência das Câmaras com propostas de votos sujeitas à apreciação dos membros do respectivo colegiado, a exemplo do TCU. O TCE-PE tem desenvolvido ações semelhantes para valorização da figura dos auditores?

Acho uma excelente medida. Trata-se de um modelo já testado pelo TCU e que, sem dúvida, agiliza o julgamento de processos e valoriza a importante categoria dos auditores substitutos. Aqui em Pernambuco, o modelo é um pouco diferente, mas com o mesmo propósito. No nosso caso, além de substituírem os conselheiros nas hipóteses clássicas de férias, licenças, impedimentos, os auditores, mesmo após cessada a referida substituição ordinária, ficam vinculados aos processos que já estavam completamente instruídos, levando-os posteriormente a julgamento. É um modelo que também vem alcançando bons resultados.

Não raro, discute-se a extensão da sindicabilidade das decisões dos Tribunais de Contas pelo Poder Judiciário. Uma corrente defende que esse controle deve ficar restrito a aspectos meramente formais/processuais. Em sentido diametralmente oposto, a outra corrente adota um modelo de revisibilidade ampla. Qual o entendimento de V. Exa. a respeito da matéria?

Já fui um ardoroso defensor da corrente (minoritária, é verdade) que defende a impossibilidade de controle jurisdicional meritório das decisões dos Tribunais de Contas, especialmente das decisões que emanam da competência constitucional de julgar contas dos administradores públicos (art. 71, II, da CF). Ante as dificuldades de torná-la majoritária, no âmbito doutrinário e jurisprudencial, também defendi, com igual ênfase, uma mudança da constituição para deixar incontroversa essa questão, seja por meio da instituição do que se chama contencioso administrativo (originário do direito francês), seja pela inserção dos Tribunais de Contas como órgão especial do Poder Judiciário, como já ocorre noutros países. Todavia, após refletir melhor sobre essa questão e estudar a atuação de outros tribunais administrativos mundo afora, concluí que esse não é o nosso maior problema na busca da efetividade. O nosso maior desafio é nos transformarmos, mais e mais, em tribunais respeitados, que inspirem confiança, legitimados perante a sociedade; em tribunais que possuam quadro de servidores majoritariamente efetivos e concursados; que institua planejamento estratégico, escolas de contas, corregedorias e ouvidorias; em tribunais que não se omitam no provimento dos cargos do Ministério Público de Contas e de auditores (membros substitutos); em tribunais que utilizem, cada vez mais, as tecnologias da informação e realizem auditorias "inteligentes"; em tribunais autônomos, mas integrados com os demais órgãos de controle; em tribunais que primem pela observância do devido processo legal; em tribunais que saibam a melhor forma de se comunicar com a sociedade e de explicar o seu papel. Se alcançarmos esse padrão de atuação de forma nacionalizada, naturalmente as nossas decisões, ainda que de natureza administrativa, dificilmente serão alteradas pelo Judiciário.

Esta obra foi composta em fonte Palatino Linotype, corpo 10
e impressa em papel Offset 75g (miolo) e Supremo 250g (capa)
pela Laser Plus Gráfica, em Belo Horizonte/MG.